航天科学家的故事丛书

U0956196

王希季的故事

朱晴　方四一　著

中国宇航出版社
·北京·

图书在版编目（CIP）数据

王希季的故事 / 朱晴，方四一著．-- 北京：中国宇航出版社，2022.1

（航天科学家的故事丛书）

ISBN 978-7-5159-1995-9

Ⅰ.①王… Ⅱ.①朱… ②方… Ⅲ.①王希季一生平事迹 Ⅳ.①K826.16

中国版本图书馆 CIP 数据核字(2021)第 222849 号

责任编辑　刘　凯
责任校对　黄　莘　　　　**封面设计**　宇星文化

出　版
发　行　中国宇航出版社

社　址　北京市阜成路 8 号　　**邮　编**　100830
(010)60286808　　(010)68768548

网　址　www.caphbook.com

经　销　新华书店

发行部　(010)60286888　　(010)68371900
(010)60286887　　(010)60286804(传真)

零售店　读者服务部
(010)68371105

承　印　北京中科印刷有限公司

版　次　2022 年 1 月第 1 版　　2022 年 1 月第 1 次印刷

规　格　880×1230　　**开　本**　1/32

印　张　5.75　　**字　数**　111 千字

书　号　ISBN 978-7-5159-1995-9

定　价　30.00 元

目录

CONTENTS

第一章

从小发奋图强

出生在殷实人家

1921年7月26日（农历六月二十二），正是盛夏进入中伏[①]的第一天。生活在昆明的人们却丝毫感受不到酷暑的侵扰。正午时分，一个小生命呱呱坠地，发出响亮的初啼。孩子们是“希”字辈的，由于排行第四，父亲便给他起名“希季”（古时兄弟姐妹的长幼顺序分

①中伏，三伏之一，通常也指从夏至后第四个庚日起到立秋后第一个庚日前一天的一段时间。也叫二伏。夏至以后，虽然白天渐短，黑夜渐长，但是一天当中白天还比黑夜长，每天地面吸收的热量仍比散发的多，近地面的温度也就一天比一天高。“三伏”期间，地面吸收的热量几乎多于散发的热量，三伏天一般是一年中最热的一段时间。

别为孟、仲、叔、季）。

父亲和母亲都是来自大理的白族[②]人，已经在昆明定居有些年头了。他们本已育有一个女儿和两个儿子，一场突如其来的大病却夺去了二儿子幼小的生命，令他们伤心不已。如今，这个男孩儿的降临，重新给全家人带来了欢乐。

王希季的大伯是当地名人，被保送去日本留学，回国后在云南省立第一师范任国文教员。他勤思敏学，对政治、经济、法律、教育、艺术等多种学科均有涉猎。教学之余，他还著书立说，详尽阐述自己对社会、政治、经济、道德的思考，宣传进步思想，其《人理学》《义务政府主义》等著作贯穿着浓郁的民主主义色彩，被文

②白族是中国第15大少数民族，主要分布在云南、贵州、湖南等省，其中以云南省的白族人口最多，主要聚居在云南省大理白族自治州。此外，四川省、重庆市等地也有分布。汉文自古以来一直为白族群众通用。

白族在艺术方面独树一帜，其建筑、雕刻、绘画艺术名扬古今中外。在形成与发展的过程中，与周边的各民族相互往来，创建了灿烂的经济文化。

化教育界广为尊崇，在当地更有“王式南者圣人也”的美誉。可惜天妒英才，他在37岁时英年早逝。

王希季的父亲是个买卖人，主要做烟、茶、棉纱和食糖批发生意，并经营着相当规模的进出口贸易，生意一度很红火。

在王希季3岁那年，有地方官员相中了父亲的才干，便给了他个官做，并派他到贵州兴义去收税。刚开始时父亲心气儿很高，当官毕竟可以造福一方，也可以光宗耀祖，他就撇下了生意和一大家子人，去了贵州兴义做官。但是不到两年时间，父亲便毅然辞了官，重新回到昆明。因为父亲对当时官场的勾心斗角、腐朽堕落十分厌恶，不抱希望，再加上离家太远，十分想念家人。

重归故里的父亲继续操持他的生意。在他的精心打理下，生意越发红火，一家人的日子也过得相当殷实。

无忧无虑的童年

父亲是个戏迷。因为有条件，他还在戏院里长期定了一个八座的包厢。戏院就坐落在离家不远的公园里，在华灯初放的傍晚，孩子们簇拥着父亲一路上说说笑笑地去听戏，这是王希季童年最开心的记忆。一听说要去听戏，他总是显得迫不及待，早早就催促着父亲赶快动身。

在戏院，只有大人们才有资格坐在包厢里听戏，王希季只能和哥哥姐姐一起坐在普通的观众席中。不过，他觉得挤在人群中听戏更有意思。听不懂咿咿呀呀的唱腔也没关系，那夸张有趣的脸谱、鲜艳华美的衣服、银光闪闪的刀枪，已足够让他兴高采烈、意醉神迷了。

由于生意上的事情，父亲经常出门在外，可只要他在家，就会经常带孩子们要么去公园玩耍，要么去戏院听戏。母亲虽然没有什么文化，却会讲很多口耳相传的民间故事。像《段赤城拼死除恶蟒》《霞郎雯姑投潭化彩蝶》等神话，总令王希季神往不已，百听不厌。

出生在这个殷实人家的孩子们衣食无忧，也不用在很小的时候就去干活儿，童年里只是无忧无虑地尽情玩耍。家中有宽敞的大房子可以跑进跑出地捉迷藏，幼稚园里有同龄的小朋友可以一起蹦蹦跳跳地做游戏。花开花落，草长莺飞，不知不觉间，王希季已到了上学的年龄，他被送进昆明市最好的一所小学——省立昆华小学读书。

初次背上崭新的书包，来到有好多小朋友的学校，听到老师和同学们郑重其事地喊自己的学名，王希季感到很兴奋，他对新的环境充满了好奇。刚上小学时，王希季的数学成绩比较拔尖，这可能跟兴趣有关。他很喜欢上数学课，也喜欢教数学的魏老师，总是不等上课铃响就早早地来到教室，热切地期待上课。那些很容易把小脑袋瓜儿绕迷糊的四则运算题，经过魏老师的形象比喻和生动讲解，立刻变得简明清晰了，学起来既轻松又有趣。同学们左思右想弄不明白的题目，王希季总能迅速而又准确地求出答案。

父母对王希季没有特别的限制和规定，也不大过问他的学习情况，课余时间任凭他去踢球、游泳，尽情尽兴地玩耍和读课外书。

从四五年级时起，他开始对小说着了迷，《三国演义》《西游记》《水浒传》《说唐》……虽然这些书上的字儿还认不全，但王希季却读得津津有味、兴趣盎然，每拿到一本小说，总恨不能一口气读完。

上课时，王希季还经常“开小差”，有时看似老老实实地坐在那里听讲，其实脑子里想象的是“诸葛亮三气周瑜”，或者是“武松醉打蒋门神”，甚至把自己幻想成与孙悟空一道，行进在前往西天取经的路上。

由小说开始，王希季爱上了读书，他读书从不挑拣，

只要看到了就读，家中仅有的一部藏书《四部备要》①他虽然看不懂，也喜欢有事没事儿地翻上一翻。好在班上有个同学家里有不少书，王希季就经常上他们家借书看，两个小伙伴儿的关系也越来越亲密。

①中华书局 1920—1936 年陆续编辑排印。这部丛书收书 336 种，依经、史、子、集四部分类，用丁氏仿宋活字排印，个别影印。

少年初识愁滋味

俗话说，天有不测风云，人有旦夕祸福。

1931 年，连日不断的暴雨引发了历史上罕见的特大洪水，水灾殃及 15 个省份，肆虐大半个中国，致使百万人沦为无家可归的难民。灾害无情，王希季家也未能幸免。南方各大城市中，武汉蒙受的损失最为惨重，整座城市泡在深水中竟达百余天之久。由于货物集散需依托长江航运，长期以来父亲的货仓就设在有“九省通衢”①之称的武汉。始料不及的水灾使价值不菲的货物全部泡汤，一下子变得分文不值，损失极其惨重。

更严重的是，受世界性经济大萧条的影响，进出口贸易全面受阻，主营外贸的父亲迎来更致命的打击，苦心经营十多年的买卖毁于一旦。这一下真是天翻地覆，家境从此一落千丈。加上家里相继添了四个弟弟，这个

①武汉第一次被称为九省通衢是在《清史稿》里，来自湖南的晚清名臣胡林翼在奏疏里说“湖北为长江上游要害，武汉尤九省通衢，自来东南有事必争之地”。武汉是长江和它最大的支流汉江的交汇之处，优越的水运条件为它赢得了“九省通衢”的美誉。

过去衣食无忧的大家庭，一下子变得吃饭都成了大问题。

承载着孩子们童年欢乐的大房子被贴上封条抵了债，全家从阔绰的商人住宅区搬出来，租住在狭窄的矮房中靠典当度日。就连王希季读不懂的那部《四部备要》，也被一位债主拿去抵债了。家里背上了巨额债务，经常会有讨债的人找上门来，要么破口大骂，要么恶言恫吓，全家人过着提心吊胆的日子，一听到有人敲门便紧张得彷徨相顾。父亲不敢轻易回家，长期在外面东躲西藏。

家境的大逆转，让一向不识愁滋味的少年郎，也开始品尝到了生活的艰辛。有句古话说“千金难买少时贫”，年少时的贫苦最能激励人发奋图强。王希季也是这样。他似乎一下子长大了好多，开始认真学习，成绩也有了显著提高。

小学毕业会考前，王希季病倒了，一连数日高烧不退。尽管生病影响了复习，但他的功课平时掌握得非常扎实，会考成绩公布后，他竟一举夺得全市第一名的桂冠。

当上小“状元”是件非常风光的事，三亲六戚和左邻右舍的夸赞，让他小小的心灵感到十分满足，更让他高兴的是，第一名是不用再参加考试而可以直接保送初中的。然而，短暂的喜悦过后，他心里便升起了忧愁，家里已经一贫如洗，全家人饭都吃不饱，怎么可能再拿钱供他读书？

父母脸上更是堆满了深深的愁容。随着开学日期日益临近，儿子的升学问题就像是一座大山，重重地压在他们的心头。家里已经没有什么可以变卖和典当的了。为了还债，亲朋好友们只要能借到钱的，父亲都借遍了，如今再也不可能借到一分钱了。

正在走投无路之时，王希季的大表哥来了，他想到了一个办法，建议让表弟去考阝工山中学。

阝工山中学的“阝工”字音“hong”，是当时工校自创的字，意寓该校附属昆华工校，地处虹山。

因为是昆华工校的附属初中，将来有机会升入昆华工校，学一门技术，将来也好找工作。最重要的是，成绩优秀的学生都有奖学金，表弟成绩这么好，肯定能拿奖学金，这样的话，学费就不用愁了。大表哥曾在日本留过学，此时在昆华工校教物理并担任教务主任一职。

彷徨无助的父母听了这个办法都齐声说好。家里已经没有别的选择了，既然有这么条出路，那还有啥可说的？这个老大难问题解决后，全家人又都欢天喜地起来。父亲深有感触地对王希季说：“常言道‘饥荒三年，饿不死手艺人’，我看哪，去工校很好，学门手艺比上中学只读书本要强！”

由于阨山中学并非正规初中,没有免试入学的政策。即便他会考第一名，也必须要去参加入学考试，凭成绩录取。结果，在入学考试中，王希季又斩夺第一名。

但当他兴高采烈地去学校报到注册时，却被当头泼了一盆冷水，全家的唯一指望——奖学金，是根据期末考试成绩来评定的，因此第一笔学费必须在入学注册时缴纳。无奈之下，父亲只好再去找大表哥想办法。

大表哥自己也不宽裕，为了成全这个学业优秀的小表弟，只好硬着头皮去找校长商量:“孩子家里生活特别困难，校长您看学费是否能允许他缓几个月再交，他成绩非常好——两次考试都是全市第一名呢，在学校一定能得到奖学金的，到时一定及时补上。”

从事教育的人大都有爱才惜才之心，何况这个学生还是工校教务主任的表弟，好心的校长当即爽快地应允了:“让孩子先来上学,这样优秀的孩子,岂能拒之门外！”

就这样，在大表哥的奔走和校长的通融下，王希季终于得以顺利入学，父母也终于松了一口气。

德智体全面发展

从跨入校门的第一天起，王希季便知道，他欠着学校的债，必须拿到奖学金来还债，补上上个学期的学费，下个学期才有资格继续念书，因而他虽然还小，但也懂得什么叫全力以赴了。他在学习上更加用功。

于是，从第一学期的期末考试开始，王希季就因成绩优异而连年获得全额奖学金。当他用奖学金交完自己的学费后，心里别提有多高兴、多自豪了。看，学习好还能解决一些大人们都解决不了的难题呢——这恐怕是王希季内心对“知识有用”产生的最初感受了。

天赋高又肯用功，学习对于王希季而言，便成了一件很轻松的事。在扎扎实实地完成好功课后，课余时间他就泡在图书馆里看小说，三年时间，他差不多将图书馆里的小说看了个遍。他看小说时十分投入，忘我地徜徉在各种小说情节和自己的想象中，感受在现实世界里永远无法感受的欢乐，使得他流连忘返。

系统科学的学业训练，培养出严谨缜密的思维方式；丰富多彩的文学作品，陶冶了激情澎湃的浪漫情怀。两方面的兼收并蓄，奠定了王希季日后严谨有序又不刻板偏执的性格基础。

看书学习不可能构成校园生活的全部，要想让一个男孩子的旺盛精力得到彻底的释放，体育才是不可或缺的有效途径。王希季酷爱足球，在学校足球队“长虹队”中，是当仁不让的前锋。学校足球场虽然十分简陋，但小球员们踢得满场翻飞，观众们也看得兴高采烈。王希季那不够高大却十分灵活的身影，常常吸引着人们的视线。王希季在学校里踢还嫌不过瘾，有几次，他还和队友们一起偷偷溜出校外去以球会友，幸好没有被校方发现。否则的话，一个如此优秀的学生，为了踢足球竟不惜违反校规，老师们知道了将会怎么看？又该如何进行惩处呢？

踢足球之外，王希季还喜欢游泳，一鼓作气游上一两千米不成问题。长时间看书学习感到疲倦时，跃入碧波中痛痛快快地畅游一阵子，不但全身筋骨得到舒展，整个人都变得清爽起来。坚持多年的踢球和游泳，不仅

使他的体质得到很大改善，也极好地锻炼了他的耐力。

就这样，王希季靠奖学金读书，经济上虽然不宽裕，生活却过得相当充实。他一边认真地勤学苦读，一边畅快地活动锻炼。岁月悠然，转眼便到了初中毕业的日子。

毫无悬念，王希季又以第一名的成绩，升入了他真正的目的地——昆华工校，学习土木工程专业。大表哥很为有这样一个表弟而感到骄傲，不止一次地发出由衷的赞叹："希季真是个少有的好学生，德智体全面发展，接受能力强，学习方法又灵活，在我教过的学生中绝对是出类拔萃的！”

一举跃入龙门

昆华工校一年级快结束时，有一天，王希季正在家里看书，同班同学吴承康气喘吁吁地跑来了。一见面就迫不及待地说："大学正在招生呢，咱们一起去报考吧！"

王希季疑惑地问："报考大学？我看你是异想天开吧！咱们工校都没毕业，怎么能报考大学？"

吴承康说："这次大学招考是特殊政策，和以前不一样，同等学力[1]就可以考！"

①同等学力是指没有在某一等级的学校拥有完整的学习经历，或有学习经历但是没有获得相应的学历证书、学位证书，但是具有相等的学习能力和知识水平。

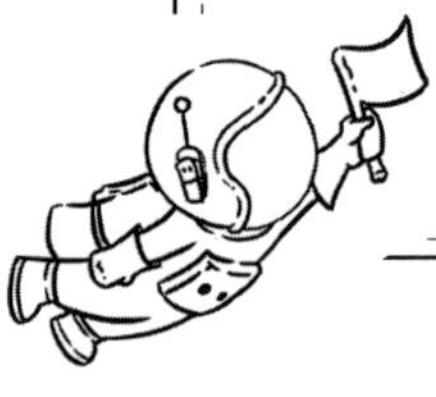

原来，日本不久前发动了七七事变②，这是日本帝国主义全面侵华战争的开始，也是中华民族进行全面抗战的起点。在特殊时期，为了能为国家尽快、更多地培养人才，国民政府教育部决定打破常规，允许青年学子们以同等学力报考大学。

②七七事变，又称卢沟桥事变。1937 年 7 月 7 日夜，卢沟桥的日本驻军在未通知中国地方当局的情况下，径自在中国驻军阵地附近举行所谓军事演习，并诡称有一名日军士兵失踪，要求进入北平西南的宛平县城（今卢沟桥地区）搜查，被中国驻军严词拒绝，日军随即向宛平城和卢沟桥发动进攻。中国驻军第 29 军 37 师 219 团奋起还击，进行了顽强的抵抗。七七事变揭开了全国抗日战争的序幕。

尽管如此，王希季并没有动心。他心想，工校刚刚上了一年，要学的东西还很多，何况自己有没有条件上大学还很难说。

虽说家中的经济状况有所好转，也不过刚刚还清了债务，一家人还得节衣缩食，才能维持日常开支。几个弟弟都在上学，为了助父亲一臂之力，哥哥从工校一毕业，就干起了公路技术员的工作，自己难道不也应该这样吗？

见王希季沉默不语，吴承康还以为他是因为怕考不上大学而丢脸，就劝道："就当是去学习学习，见识一下考大学的场面，这次考完之后，以后再考不就有经验了嘛！"

"要去你自己去吧，我不一定非要上大学。"

"我一个人多孤单哪！你就算陪我去，两个人也好壮个胆儿。"

王希季的心被说动了："去就去，不就是考试嘛，大考小考哪一年不得经历几次，久经考验了，还在乎多考一次？"

心高气盛的他觉得，不读大学则罢，要读就读最好的大学。从小学到中学，他一直都是在最好的学校读书，报考大学，当然也得选最好的报。

因战争原因由北方辗转迁来昆明的西南联大，囊括了清华、北大、南开三所顶级名校，最好的选择当然非此莫属。于是，领到报名表后，王希季连想都没想，就把第一、第二、第三志愿，悉数填为西南联大工学院，区别只是三个不同的系，这并非出于志在必得的决心，只是表达一种非此校不读的信念。

只当是进行一次"练兵"，没有一定要考上的压力，所以在考试过程中，他的心态很放松，丝毫没有受到考场紧张气氛的影响，知识和才情都得到了很好的发挥，顺利地完成了各科考试。

工校的课程还没学完，就去参加大学考试，而且报的又是三强联手的高等学府，名落孙山自然是顺理成章之事。因此，考试一结束，王希季就把这件事抛到了脑后。

真是“有意栽花花不开，无心插柳柳成荫”。拿到刊有西南联大新生发榜名单的报纸后，他很快就在第一志愿工学院机械工程系一栏找到了自己的名字。

王希季考取了西南联大工学院，不但老师同学们大吃一惊，连他自己也感到难以置信：该不会是有人与我重名吧？

虽然多年来一直学业优秀，但如此轻而易举的成功还是令他大喜过望——毕竟工校的课程只学了一部分，何况考取的又是这样一所众人瞩目的顶尖高校。几天来父母欣慰的笑容、大表哥兴奋的神情、老师们赞许的目光、同学们钦佩的话语，才令他摆脱了那种恍如梦中的不真实感。

战火纷飞下的学习生涯

战火纷飞，整个中华大地已经很难容得下一张安静的书桌了。

1937年，七七事变爆发后，处于京津地区的北京大学、清华大学和南开大学再也办不下去了。根据国民政府要求，这三所大学紧急迁往湖南长沙共同组成临时大学。不到半年时间，南京失守，武汉告急，长沙也不断遭到日寇飞机的轰炸。临时大学被迫再次南迁云南昆明。千余名师生分三路从长沙出发。800多名女学生及年老体弱者乘火车经香港、越南辗转到昆明。300多名身强力壮的男性师生则组成步行团，一路翻山越岭，晓行夜宿，风雨兼程，经过70天步行1700余千米的“文化长征”，终于抵达昆明。经国民政府国防最高会议通过，临时大学改称国立西南联合大学，从此被世人简称为“西南联大”。

西南联大不仅是群贤毕至，精英荟萃，名师云集，而且80%以上的教授都是到欧美留过学的，熟悉世界学术思潮和科学发展走向，学术思想和教育思想也都带有明显的西方现代色彩。尤为难得的是，他们留“洋”之前，均接受过完整的中国传统教育，熔铸古今，汇通中西，使得他们大都在学术思想上崇尚自由兼容，在伦理道德层面则保留着浓厚的传统色彩，为人处世兼备中西两种不同文化的优点，当之无愧地成为青年学子乃至整个社会的道德楷模和精神领袖。素有“内树学术自由、外筑民主堡垒”之美誉，时人认为社会的政治中心是重庆，而思想和文化中心则在昆明的西南联大。

从一入学，王希季就开始不知疲倦地在知识的海洋中尽情遨游。一方面，他恨不能扩张开全身每一个毛孔，最大限度地汲取各种营养，充填饥渴的灵魂；另一方面，毕竟工校的课程有一大半没有学，直接进入大学的课程，难免会因“脱节”而显得相当吃力。譬如代数还没有学完，学起微积分来自然会感到困难。另外，联大的教授们来自五湖四海，各种口音都有，还有的满嘴英语，加重了王希季学习和理解的困难。比如，英文课教授整堂课下来，从不讲一句汉语，大部分科学技术课的教材都是英文的，作业也是英文的，王希季备感吃力、压力巨大。

王希季当然十分珍惜这梦寐以求的进入中国最高学府的机会，对这些困难他只能全力以赴，对知识短板进行恶补。于是，他断然停止了已经坚持五六年的体育锻炼和读课外书，将全部精力投入到学业中，希望尽快迎头赶上。这种全力以赴的紧张状态，足足持续了一年之久。

但是，学习条件偏偏又十分恶劣。日寇经常对云南一带进行“疲劳轰炸”①，昆明首当其冲。一段时间内，几乎天天有空袭，联大的图书馆、生物实验室和学生宿舍，都遭到过炸弹的袭击，教师和学生都有伤亡。敌机来时，会响起警报，师生们赶紧疏散，等警报解除后，再惊魂不定地聚集起来继续上课，有时一天要折腾好几次。对此给学习上造成的干扰就是，学生们都担惊受怕，无法安心学习，一边学习一边竖起耳朵，时刻准备着“跑警报”。再有就是晚上用电高峰期电力也不稳定，时常

①指军事上连续不断地轰炸对方，使其疲惫不堪。

因断电而无法学习。

为了能够更多地获得有效的学习时间，王希季别出心裁地为自己制定了一个“四段作息制”：白天正常上课，吃完晚饭趁同学们都外出活动和天还没黑时抓紧学习 2 个小时左右，晚上 8 点上床睡至凌晨 2 点（此时是用电高峰期，电力不稳定），2 点起来学习到清晨 5 点

左右，然后再睡上 2 个小时，之后重复新一天的安排。

虽然立志学工，可喜欢看小说的王希季对国文课也有着极大的兴趣。为他们授课的有刘文典、闻一多、朱自清、沈从文等诸多知名教授。他们或《论语》或《离骚》或《史记》，每人选一篇文章讲授两周时间，然后

出题让学生写一篇作文，不拘文字长短，但求言之有物。

让王希季喜出望外的是，学校贯彻“重心所寄应在通而不在专”的思想主旨，学生选课非常自由，只要规定的必修课成绩合格，就可以选修自己感兴趣的任何课程，完全不受院系的限制。由于各科都实行宽松的旁听制度，化学系学生选修教育心理学，物理系学生选修中国哲学史，都不会受到干涉。

校园里丰富多彩的文化活动也对王希季有着巨大的吸引力。除了认真对待必修课和选修课，只要时间能排得开，学生社团组织举办的时事报告和学术讲座，他也不愿错过。

在王希季看来，听才高八斗、学富五车的教授们做报告或讲座，既是开启心智的学识补充，又是了解社会的有效途径，还是轻松惬意的精神享受，那些风趣幽默的话语常令人忍俊不禁。为了听其他院系的选修课和自己感兴趣的讲座，他三天两头儿地往返于各学院之间。当时昆明市内还没有公共汽车，而人力车是穷学生们消费不起的，外出唯有以步当车，为了听一堂课或一次讲座，王希季经常要徒步走上四五十分钟。

终生难忘的“大鸭蛋”

大学二年级时，一次小小的疏忽令王希季终生难忘，得到的教训更是使他受益终生。教机械学的刘仙洲先生是我国现代机械学先驱，教学之外还出版有《机械原理》《热工学》《气阀机关》等20余部学术著作，被誉为“中国工科教科书的创始人”。刘先生对学生极端负责，堪称是一位督责严格、一丝不苟的严师。他非常重视培养这些未来的工程师们认真负责的精神，训练他们灵敏的分析能力和熟练的计算技巧。

一次考试，他出题后特别写有一项要求：计算时数字要准确到小数点后面的第3位。从上小学起计算就是强项的王希季，根本没留意这个要求，就颇为自信地做起题来。当时既没有计算机，也没有计算器，唯一的工具只是一把小小的计算尺，细小的刻度根本不可能精确地显示出小数点后面第三位。

如果肯认真去理解先生的要求，自然不难明白为了得出符合要求的答案只能用笔算。可王希季却轻松地摆弄着计算尺，很快就顺利地解出了所有的题，小数点后面的第 3 位看不出来，大概估计着填了个数，心想反正也错不到哪儿去。

考试成绩一出来，他顿时傻眼了：所有的题都答对了，就因为没有遵照要求将小数点后面的第 3 位数字计算准确，本来应该得满分的考卷居然被判为零分！在王希季十多年的学习生涯中，还从未有过“吃鸭蛋”的经历。幸好这不过是一次平时的测验，若是期末考试可就惨了，丢脸还是次要的，按学校规定必修课中凡连续性

课程都是前修后继，先修的一门考试不及格就没有资格选修后面的相关课程。也就是说，如果机械学不及格的话，他必须重修之后才能学习机械设计。

一连数日，王希季都陷入深深的自责中，若是真的不会做题倒还情有可原，为什么偏偏对老师的要求掉以轻心呢？

由于平时成绩优秀，期末考试又得了高分，即便有一个零分记录在案，他机械学的成绩汇总仍在80分以上。不过，这枚“鸭蛋”并没有白吃，“养分”足足让他受用了一辈子。

第二章

为梦远涉重洋

思考为什么而读书

关于为什么而读书，王希季的思想认识也经历了一个发展变化的过程。

小的时候，他并没有思考过这样的问题。后来到了小学高年级，那时家境一落千丈，他隐隐约约地感到，读书可能会让自己将来过得好一点，这是他开始认真对待功课的动力。上中学的时候，目标比较明确了，就是将来顺利地升入昆华工校，学一门吃饭的“手艺”。

但是，时代的洪流改变了他的人生轨迹，也改变了他的思想。

七七事变后，为了加强国防教育，国民政府教育部规定所有的高中生必须进行为期三个月的军事训练。他所在的昆华工校也是这样，除了严格的军事技能训练外，每天还有一个小时的思想教育，激发青年学生高涨的爱国激情。他深深感到，我们国家正在蒙受深重的灾难和奇耻大辱。这让血气方刚的王希季实在是忍无可忍，他找到军训教官说：“我也想上前线！”教官问他多大了。他回答说十六岁。教官语重心长地说：“你还太小了，去前线杀敌不是你们学生的事儿，你们青年学生是国家未来的栋梁，学好本领才可以更好地报效国家。”上前线的愿望虽然没有达成，但教官的话让他认识到，读书要报效祖国。读书这件事儿，在他心目中的意义变得大不一样了。

他拿到西南联大的录取通知书时，其实距联大开学还有三四个月的时间，而他不愿让这段光阴在等待中消耗，他仍坚持去昆华工校继续上课，一点儿也没有因为自己即将成为大学生而有所懈怠，不仅听课时依然全神贯注，作业也完成得一丝不苟。

在联大学习期间，一次空袭过后，王希季不放心弟弟们的安全，敌机刚飞走，就急急忙忙顺着城墙往家中奔去。一路上映入眼中的尽是血肉模糊的躯体，火光烟气中不时传来凄惨的哭叫声。他不忍面对这血腥的场景，只好绕道而行，悲愤交集使他欲哭无泪，欲吼无声，只觉得胸腔憋闷得几乎要炸裂开来，痛苦屈辱的血液在心中沸腾着，灼烧得五脏六腑都扭成了一团。这凄惨的一幕不但永久地定格于他的脑海，铭刻在他的心间，而且成为鞭策他的一种强大动力。

王希季越来越坚定地认识到，自己将来一定要为国家尽一份责任。只有国家强大了，今天这样的悲剧、惨剧才不会再次发生。王希季学的是机械专业，在三年级进行专业方向选择时，在机械制造和动力工程这两个专业中，他毫不犹豫地选了后者。因为他认为，要改变国家的落后面貌必须大力发展工业，而发展工业的基础就是能源和动力。他产生了一个宏伟的心愿：自己学了动力能源专业，将来一定要为云南建设一座大型发电厂，让工厂不再断电，让学生们晚上能在明亮的灯光下学习，让千家万户都能亮起明亮的灯光！

当他有了这样明确的方向和坚定的决心后，学习起来就更加心无旁骛、充满力量。他本就天资聪慧，再加上勤奋努力，学业精进，各门功课的成绩都名列前茅。正是这种责任感和忧患意识，始终激励着他一直努力奋斗。

四年弹指一挥间，1942 年 7 月，王希季圆满地从联大毕业。联大的学习生涯使他收获颇丰，当走出校园，他也似乎脱胎换骨了。大学时光留下了难忘的记忆，他虽然留恋不舍，但不会停下脚步，他挺拔的身姿大步走向新的天地，继续去追寻他远大的梦想……

下决心出国深造

王希季大学毕业时，第二次世界大战激战正酣，在中国战场上，中国军民与日本侵略者展开了惨烈的殊死搏斗。经过长达十余年与日军的拉锯和鏖战，中国军民不仅没有屈服于日军的淫威和铁蹄，而且更加团结一心、奋勇杀敌、愈战愈勇，让日本侵略者在中国战场上付出了惨重的代价。

这种时局也影响着王希季的前途和选择，他无法不顾国难、置身事外。于是，他毅然选择到21兵工厂安宁分厂工作。安宁离昆明不远，21兵工厂原是地处南京的金陵兵工厂，在南京被日寇占领前，这家全国最大的兵工厂被迫迁往重庆，更名为21兵工厂，并在西南边陲便于隐蔽的安宁山峦中设立了分厂。王希季不能亲自扛枪上战场，便把上战场杀敌的一腔热血和感情，寄托在为前线将士们生产更多的武器上。

初来乍到的王希季成了工程师室的一名技术员。兵工厂的生产条件非常优越，全部设备都是从德国进口的。一腔家仇国恨都化为工作动力，再加上既有很好的理论基础，在实际工作中又肯于钻研，他很快就崭露头角，被提升为翻砂厂的主管技术员，两年后又晋升为工程师。在讲究论资排辈的军工老厂中，一个初出茅庐的年轻人受到如此重用，自然让很多人“另眼相看”，不免对他指指戳戳。好在他把全部的心思都用在工作上，无暇理会别人的议论。

1945 年，日本终于宣布无条件投降，中国人民赢得了抗日战争的伟大胜利。王希季当然也十分高兴，享受着这来之不易的胜利喜悦，而且为自己也尽了一份抗战的力量而自豪。但不久后 21 兵工厂将要重新迁回南京，他此时却递上了一纸辞呈。工厂的上司和同事们十分不解：厂里工作稳定，薪水又高，而且从山沟里搬到南京，也是大好事儿，你在厂里这么受重用，前途一片光明，多少人梦寐以求啊，你为什么还要辞职呢？

其实，他之所以不想继续在这个厂里干了，是因为他满满以为，打跑了日本侵略者，国家就会迎来和平，他就可以参加国家复兴的建设、大展拳脚了。然而，国民党不断挑起事端，眼看内战硝烟又起，他实在不希望自己亲手制造出来的武器，用于同胞间的杀戮！他必须选择离开。

在联大时他就立下宏愿，要为云南建一座发电厂，于是，他决定去电力公司工作。他应聘来到了昆明耀龙电力公司发电厂，工作没多久，严峻的现实击败了他的天真：一方面，这个发电厂实在是小得可怜，又是一个老厂，发展后劲儿严重不足，不可能让自己实现愿望；另一方面，真要设计建设一个大型发电厂，自己还不具备这样的能力，需要学的东西还很多。

干了一段时间后，他在重工程机械修理厂的同学向他发出召唤。于是，他辞掉发电厂的工作，去了该厂。他联大的许多同学都在这个厂里工作，这儿比发电厂要强很多。一是这里曾经隶属于联合勤务司令部，美国人曾参与建设和管理，并留下了很多先进的筑路架桥机械，让他感到能学新的东西。二是这里给的薪金待遇比在发电厂高很多。可以说方方面面都很好了，唯独让王希季感到不太满意的是，这个厂的工作性质与能源相去甚远。

他在厂里工作期间，充分地感受到了美国的强大。他们留下的技术、设备和管理方法，无处不在彰显着这个世界头号强国在科技和工业领域的先进。与之相比，中国实在是太落后了。他想，在工业建设方面要想快速改变中国落后的面貌，一定要向美国学习。他寻思，有机会一定要去美国留学深造，掌握更多先进的科学技术。

连年战争使派遣留学生的工作被迫停止了多年，重新恢复时，竞争显得异常激烈。但王希季毫不犹豫地报了名。他几乎放弃了一切与考试无关的活动，除必需的休息外，工作之余的时间全部用来看书学习，挑灯夜战至凌晨已成家常便饭，认真准备，志在必得，这一天他已经苦等多时，决不能再错过。

有志者，事竟成。王希季在众多考生中脱颖而出，成功考取了美国弗吉尼亚理工学院硕士研究生资格。为此，他还获得了云南省政府的2000美元津贴。就这样，继大伯父之后，王希季成为王家的第二位留学生。

王希季打点行装，满怀希望而又恋恋不舍地即将踏上万里重洋的旅程。满怀希望是感到对未来充满了更大的信心，恋恋不舍是舍不得家里的亲人，以及他亲密的爱人。

相伴一生的人

不知是从什么时候开始的，一个女孩子曼妙的倩影悄悄掳住了王希季的心。这个女孩子名叫聂秀芳，是他中学同窗好友赵熙的二表妹。

赵熙是个好客的人，经常邀请同学们到家中聚会，或者出去郊游。年轻人在一起无拘无束地谈天说地、听音乐、唱抗日歌曲，气氛融洽热闹。由于住得很近，聂秀芳和姐姐常去舅舅家玩儿，每次表哥他们出去郊游，也总不忘叫上姐妹俩。再加上姐姐秀媛和王希季的堂妹是高中同学，课余时间，王希季经常为她们两个辅导代数与解析几何，所以聂秀芳和他也算熟悉。

王希季性格还算开朗，平时与人交流时，不仅才思敏捷，而且经常侃侃而谈，在同学中颇具影响力和说服力。不过，他却不善于表达自己的情感，觉得难以启齿。

接连几天，王希季整个人都被一种异样的感觉控制着，甚至有时连书也读不进去，脑海里时时闪现出聂秀芳那挥之不去的身影。无奈中，他只好向好友求助：“赵熙，我很喜欢秀芳，可是又不知道该怎么向她表示……”

听王希季坦言喜欢自己的表妹，赵熙感到非常高兴。多年来他一直很欣赏这位同窗好友的才智和人品，日后若能成为亲戚，可真是再好不过的事了。高兴之余，他又不免有些为难，姑父一向家规很严，不允许女孩子随便在外面交朋友，何况二表妹还在读中学。看着同窗好友紧张而热切的神情，赵熙知道这个忙是非帮不可的。二表妹与他已经熟识，应该不会有问题；姑父虽说对子女要求严格，但王希季既是高才生，人品又优秀，无可挑剔，说不定对他能网开一面呢！

赵熙轻轻拍着好友的肩头，热情地说：“我看这样吧，我先陪你去见见我的姑父，他们家规矩很严，这事恐怕得先征得他的同意……”

原本顾虑的是不知该如何向秀芳表白心迹，不想先要面对的竟是她的父亲。既然必须闯过这一关，尽管心怀忐忑，王希季还是毫不犹豫地跟随赵熙一起来到聂家。

聂秀芳的父亲聂焕然是昆明著名的中医，一生视为人解除病痛为己任，大部分时间坐堂应诊，遇有病人需要亦不辞送医上门。聂家是个人丁兴旺的大家庭，夫妻俩共育有八个女儿、四个儿子。秀芳是他们的二女儿。

王希季局促不安地说明来意后，聂先生很感意外，这个学业优秀的青年不是在为大女儿辅导功课吗，他的意中人怎么会是二女儿呢？这件事秀媛知道了将会怎么看？秀芳又是怎么想的？看上去面前这个年轻人无论身材相貌，还是言谈举止，倒是没有什么可挑剔的，但是为人父母者对女儿的终身幸福岂能草率行事。聂先生觉得，在自己完全不知晓女儿们心思的情况下，贸然应允下来恐怕不妥。于是，他婉言相拒："很感谢你抬举小女，不过她年龄还太小，在姐姐没有明确的婚姻对象之前，不希望让她先介入感情问题。"

在聂秀芳的印象中，王希季是一个成熟深沉，有思想有才华，有强烈进取心和远大理想的优秀人物。不过，她一向只是敬重他，从未产生过什么特别的感觉，更不曾将他与自己的感情生活联系在一起。何况王希季看上去又那么严肃，让人望而生畏，敬而远之。聂秀芳一向对媒人到家中来提亲之事非常厌恶，认定婚姻大事只能由自己做主，不能容忍父母包办。因此，听说王希季到父亲面前表露心迹碰了壁，她不但没有丝毫感动和同情，反而生出几分反感："这个人可真老土，这样的事情居然会去找父亲谈，要是他有勇气直接来向我表白，或许还值得考虑……”

碰了个“橡皮钉子”已深感沮丧，心上人的冷漠无情更像一盆兜头泼下的冷水，将发着“爱情高烧”的王希季浇了个透心凉。自己虽有情，人家却无意。王希季只好将这份感情搁置在心底，一心扑在学习和工作上。

后来，一次机会，让王希季又见到了许久未见的聂秀芳。随着岁月的推移，聂秀芳出落得更加亭亭玉立，俊秀的面庞，清纯的目光，温柔的笑容，若有所思的神情，她的一切都让他感觉那么熟悉，那么亲切，熟悉得令他心动，亲切得令他心痛。

本以为当年那段未能得到机会发展的感情，早已时过境迁地沉落于岁月的长河中，却不想爱是刻骨铭心的，只可能夭折，绝不会遗忘。一旦心弦无意间被拨动，复燃的爱情火花很快又升腾为灼人的烈焰。

已经被拒绝过一次了，会不会再次碰壁？一段时间的迟疑之后，王希季决心为了自己终生的幸福而去大胆地追求。这次他既没有寻求朋友的帮助，也没有争取长辈的恩准，径直找到聂秀芳，勇敢地向她坦露心声，倾诉真情。

他此番心迹的表白，并没有让聂秀芳感到惊诧，反而唤醒了她心灵中沉睡着的那份情感。已升入大学三年级的聂秀芳，不再是当年那个幻想花前月下邂逅白马王子的小女生。日渐增长的阅历使她懂得浪漫并不是爱情的真谛，英俊也不是衡量一个男人的标准，情与义、诚与信才是最可贵的品质，最可靠的保障。

在王希季那具有穿透力的热切目光下，一种不曾体验过的似水柔情油然而生，聂秀芳用因幸福而战栗的心，毫无保留地接纳了这个优秀的男人。

两情若是久长时，又岂在朝朝暮暮。聂秀芳非常支持王希季出国留学，为了能让他安心出国读书，在王希季动身前，他俩正式订了婚约。“天远地遥，你一个人孤孤单单地在那边，一切要小心，我等你回来。”爱人的叮嘱让王希季更加难舍难离。

1948 年 4 月初，在前来送行的聂秀芳深情眷恋的目光中，27 岁的王希季踏上了留学的旅程。

放弃读博，报效祖国

第一次出远门就要穿越半个地球，王希季的心中既感新奇兴奋，又略带几分紧张。虽然多年来，早已习惯了没有亲人在身边嘘寒问暖的生活，但这毕竟是他平生第一次出远门，第一次乘飞机，第一次坐海轮，第一次踏上一个语言、习俗、生活截然不同的陌生国度，不知将要面对些什么问题。

王希季到达美国时，离开学还有一段时间。为了尽快适应美国的教学方法，顺利开启全新的研究生课程，他利用这段空档期，先到里士满大学研究生院的暑期进修班进行了短期学习，9月开学之际才前往弗吉尼亚理工学院。

由八所学院及研究生院组成的弗吉尼亚理工学院，是弗吉尼亚州一所具有相当规模的州立综合大学，也是全美最好的大学之一，尤以农科和工科著称。王希季攻读的是燃料及动力专业，这个专业专为建设发电厂培养所需要的各种专业人才，是全美唯一设有该专业研究生班的院校。当然，也是王希季最喜欢的专业，可谓如愿以偿。

他留学的目的十分明确，就是千方百计掌握更多先进的能源知识，带有明显的问题导向。因此，他发现的问题、提出的问题也就特别多，特别实际，从导师那里获得解答后，就感觉更加有收获。与其他同学相比，王希季的特点是已经有几年的实际工作经验，当带着工程中的实际问题重新回到课堂时，他就更能悟到学习的真谛。这种绝妙的学习体验让他很受用，学习效率很高，成就感很大，可以说是乐在其中、孜孜不倦。

研究生院的教学安排很科学，研修燃料及动力专业硕士学位的研究生，不但要修完足够的学分，还必须每隔一日就到学校所在地的热力发电厂去工作 8 小时，目的并不在于勤工俭学，而是结合所学专业积累实际工作经验。每天课程结束的时间最晚是下午 3 点，去电厂工作就从 3 点开始，一直要干到午夜 11 点。不去工厂的日子，王希季就去图书馆看书，差不多每天都是凌晨 1 点才睡下，清晨不到 7 点就起床。为了弥补睡眠不足和精力透支对身体的消耗，他只能尽量增加些营养，通常一顿早饭就要吃下 3 个鸡蛋，午夜还得加一餐。

在发电厂，他从打扫卫生、烧锅炉开始做起，手脚勤快，头脑灵活，不论干什么都持认真负责的态度，以致不断得到提升。锅炉工、加水工、电工、主机工、组长，他一直干到领班，可以独立地全面负责电厂 8 小时的工作。就这样，从电机运转到水处理，他不仅全面掌握了发电厂每一个环节的工作，还学到了许多先进的管理方法，受到了从系统工程角度去看问题的思考方式的训练。

1949 年 12 月，王希季以优异成绩获得硕士学位。正当他准备进一步攻读博士学位时，《纽约时报》上的两张有关中国的新闻照片，彻底改变了他的计划。一张展现的是中华人民共和国宣告成立的场景，另一张记录的是上海南京路上“好八连”为了不打扰老百姓而露宿街头的情形。有生以来第一次看到真正为老百姓服务的军队和祖国大陆的统一，王希季一下子激动得热泪盈眶。他下定决心，不再攻读博士学位，立即终止留学，回国工作。

1950 年 3 月，归心似箭的王希季不顾导师和同学们的苦苦挽留，怀着无限憧憬，踏上了归国的旅程。他乘坐的“克利夫兰总统号”本来的航程是从旧金山口岸起锚，途径檀香山、横滨、马尼拉、香港，最后抵达上海。但新中国成立后，中美之间所有航班全部中断，邮轮的目的地只能改为香港。抵达香港后，为了安全穿越台湾海峡回到天津，他们乘坐挂有米字旗的英国“太古号”货轮，谎称目的地是仁川，舍近求远地从韩国绕道才平安抵达天津港，然后，再辗转到达了北京。

走上三尺讲台

王希季踏上祖国的土地，备感亲切。祖国，亲人们，还有心爱的恋人，我终于回来啦！他未在天津多作停留，迅速前往北京。归国的海外游子越来越多，有关部门便在北京天安门西南不远处一所宽敞的四合院里，专门设立了一个留学生招待所。王希季报了到，便等待与有关方面接洽工作去向。

没想到，很快便在这里遇见了一位西南联大的熟人，是他在联大时的教授张大煜先生。原来，张大煜在刚刚创建不久的大连工学院（现大连理工大学）担任化工系教授和系主任。这次他来北京，就是专程为学院招聘留学生的。他见到昔日的优秀学生，自然十分高兴，极力劝说他去学校任教。

说实话，王希季并不太想去当一名教书先生，虽然他对教师这个职业也很尊重，但他早就下定决心投身能源行业，并且已经和石油工业部基本谈妥了工作去向。张先生看出了他的犹疑，便问他有什么顾虑，他只得坦然相告。然而张先生一笑说："你有这个抱负我非常赞赏，但我的建议是还不能太急。新中国现在还没有像样的能源工程，去一般的单位你又难以施展才华。而且，中国需要的不是几个能源工程人才，而是一大批，因此我认为当前最重要的是快速培养一批高水平的人才出来，众人拾柴火焰高。我认为你随我去教书，先培养一批人才出来更有价值，同时，以我的经验，留学回来后最好是先系统地整理一下自己所学的东西，这样做起事来更系统，更有章法，而教学的过程就是非常好的系统梳理过程，俗话说'教学相长'，就是这个道理。"

昔日恩师的极力招揽劝说，再加上另一位已决定随张先生同去的同学的再三鼓动，王希季难以招架，终于决定改变计划。就这样，他来到大连工学院，走上了三尺讲台。

在王希季出国留学期间，他与聂秀芳二人的感情不仅没有丝毫减淡，反而更加热烈，两人对爱情都坚贞不渝，他们在鸿雁往来中频频遥寄对对方无限的思念，并相约待他学成归国就举行婚礼。王希季在大连工学院安顿下后，立即给在云南的聂秀芳发电报，并汇上一笔路费，让她前来完婚。但他选择的结婚地点不是大连，而是祖国的心脏北京，而且约定的成婚日期是1950年10月1日，即新中国成立一周年的日子，有着特别的纪念意义。

聂秀芳接到电报后，立即辞掉了她在银行的工作，然后出发北上。刚刚解放，西南地区还不甚太平，聂秀芳几经周折后终于到达汉口，与前来迎接她的心上人胜利会合。久别重逢，两人都有说不完的话儿，心里高兴得如同吃了蜜。他们返回北京后，于1950年10月1日，29岁的王希季与小自己4岁的心上人聂秀芳，

在首都国庆的礼炮声中举行了简朴而难忘的婚礼，然后一同前往大连。

大连工学院尚处创建阶段，连专业教材都没有。王希季等不及了，决定自己动手编写教材，想好了就干，他先后快速编写了《锅炉学》《涡轮机》《铸工》等多种教材，陆续开了锅炉学、蒸汽透平、涡轮机、船舶汽轮机等核心课程。

时值中苏两国的“蜜月期”，学院里不仅有苏联的专家顾问，教学使用的也多是苏联的教材。为了对“老大哥”有更深入的了解，也为了能在工作中与苏联专家更好

地配合，王希季发奋学习俄语，不到一年时间就基本掌握，随即便与同事一起翻译了苏联教材《船舶汽轮机》。

认真教书育人之外，凡是有需要效力的地方，不论是否分内之事，王希季都积极参与。学院修建新校舍，他主动承揽了一馆、二馆、热机实验室和西山学生宿舍等一批建筑的包括暖气管道在内的全套取暖系统的设计工作。

各方面的突出贡献，使王希季不但得到连升两级工资的褒奖，还被提升为动力工程教研室主任，并被推选为系里的工会主席。

有一分耕耘就会有一分收获。王希季毫不吝惜地付出心血与才智的同时，也得到了足够的尊重和信任。学生们拥戴这位诲人不倦的老师，遇到难题总是无所顾忌地找他求教；教师们喜欢这个敬业乐群的同仁，工作中常能从他那里得到些启示；苏联教授和顾问欣赏和尊重这个才气逼人的小个子主任，提起他来总是赞不绝口。相互尊重的融洽氛围，令大连工学院教学成绩显著。

举家迁往上海

由于国家在全国范围内开展大规模的高校院校调整，1955年1月，王希季所在的大连工学院船舶动力系并入交通大学（现上海交通大学）。因此，他举家从大连迁往上海。

初到大连时，正值抗美援朝时期，随处可见准备开赴朝鲜前线的志愿军部队，各个单位备战的气氛也非常紧张，各个部门纷纷在做撤退到南面的准备。毕业于金融专业、熟识银行业务的聂秀芳本已考取了大连银行的高级职员工作，但考虑到很可能随时都要往关内转移，到时两个人不在一个单位会有诸多不便，她只好在大连工学院财务科谋得一个普通会计的职位，算是正式在大连安顿下来。

如今，一家人又需要举家迁到上海。

交通大学的前身为创办于1896年的南洋公学，是我国历史悠久的高等学府之一。王希季担任船舶动力系涡轮机教研室主任，他总是认真细致地备课、讲课，几年在西南联大的经历，使得他有机会接触了很多德高望重、教研一流的大师，受到了他们的熏陶，自然就会以导师们为楷模，身体力行。西南联大的求学经历使他深谙：教育的重点不是简单地将书本上的现成知识灌输给学生，而是培养他们的创造思维和实践能力，激发他们的批判意识和质疑精神，这样才能造就出不满足于现成答案、具备求深求精求新良好思维素质的人才。

几年下来，他积累了颇为丰富的教学经验，专业上也有了更系统、更深入的研究，与钟芳源教授合作编著的《船舶汽轮机原理与热计算》经由北京科学教育出版社推出后，成为高等学校的教学用书。不仅他本人当上了上海市文教系统的先进工作者，他带领的教研室也被评为上海市文教工作先进集体。

很可能是由于他在教学和科研方面的出色表现，在全民兴起大炼钢铁的年代，他也获得了特殊的“豁免”——不用去参加炼钢，而是继续他的科研工作。后来学校创建了工程力学系，王希季调到该系担任副主任。这个系实际上研究的就是火箭相关学科，这为他以后进入空间科技领域打下了一定的基础。

王希季与中国共产党是同年同月生，1958 年 10 月，他又光荣地加入了中国共产党。

第三章

探空道路坎坷

接到绝密任务

1958 年 11 月的一天，王希季刚上完课，突然接到学校通知，说上海市委有关领导要找他谈话。王希季不免心里嘀咕：我一名普通高校教师，市委领导要找我谈什么话呢？

他猜测着来到市委领导办公室，简单寒暄后，领导亲切地说："组织上了解你在美国所学的专业，还有你近年来的研究成果，决定调你到上海机电设计院工作。这个设计院对外叫这个名字，实际上是中科院和我们上海市共同领导的保密单位，保密的级别是绝密级。"领导说到这里微微顿了一下，这个不经意的停顿似乎显示出了某种极其特殊之意，然后，他微微一笑，伸出食指往天上指了指，压低了声音，"上天的事儿！伟大领袖毛主席指示'我们也要搞人造卫星'，这项任务是周总理亲自抓的。设计院的任务就是搞人造卫星和运载火箭，急需你这样的人才。任务很紧急，你的工作调动事不宜迟，这事儿组织就这样定下来了，具体任务安排方面呢，你报到后就清楚了。我现在代表组织征求一下你有没有什么想法？”

王希季懵住了，一点儿思想准备也没有，他还没来得及回答，市委领导又郑重地说道：“需要特别给你强调的是，这是一项绝密任务，你工作的事不能对一切外人讲，要做到绝对保密，这是严格的政治纪律。”

王希季下意识地问：“家里人呢？”

市委领导正色道：“一切外人，当然包括你的家人，还有你所在的学校。”

家人也成了“外人”，也不让告诉，这让王希季又是一愣。

望着领导严肃的神色，王希季虽然不知道这到底意味着什么，但一听跟毛主席、周总理有关，以及上天、卫星、火箭这些关键词，他就知道干系非轻，虽然心里有些忐忑，但他立即表态说：“领导，我服从组织安排。”

“好，那你尽快去报到吧。”领导将一封早已盖好章的介绍信递给他，露出轻松的笑容，紧紧地握住他的手：“这是国家大事，预祝你们早日成功！”

我们也要搞人造卫星

1957 年 10 月 4 日，苏联第一颗人造卫星成功飞天，揭开了人类探索太空活动的崭新篇章。

时隔半年，在竺可桢、钱学森、赵九章等科学家的建议下，毛泽东主席在中国共产党八大二次会议上，铿锵有力地宣告：“我们也要搞人造卫星！”

为了落实毛主席的号召，相关部门紧急行动起来。这一任务明确由中国科学院牵头。1958 年 8 月，中国科学院将人造卫星及运载火箭研制定为该院的第一号工程，代号为“581”，并专门成立了以钱学森为组长，赵九章、卫一清为副组长的“581”领导小组。8 月 21 日，又成立了负责卫星总体设计和运载火箭研制的 1001 设计院，郭永怀为院长，杨南生为副院长。

在此之前，中国已在秘密地发展导弹，并于 1956

年 10 月 8 日成立了研制导弹的专门机构——国防部第五研究院，由钱学森担任院长。

为了把北京的科技力量与上海的工业基础、人才优势结合起来，更好地开展卫星和火箭的研制工作，经中国科学院和上海市委商定，将 1001 设计院的总体设计部和发动机设计部的研制力量迁到上海，由上海市增补科研力量组成上海机电设计院。1958 年 11 月上旬，1001 设计院迁沪人员在杨南生的带领下抵达上海，上海机电设计院正式成立。

计划破产

第二天一早，王希季就拿着组织部开具的介绍信，来到了位于徐汇区淮海中路的机电设计院临时办公地。这是一幢八层钢筋混凝土现代式公寓。没想到，接待他的是西南联大的老同学杨南生！他之前还不知道杨南生也在这个单位，而且担任副院长。在联大的时候，杨南生与他同属一个系，但比他低一届。杨南生毕业后赴英国曼彻斯特大学深造，获得力学博士学位后回国，先是在长春第一汽车制造厂工作，后来调到中国科学院数学所工作，钱学森回国创建中科院力学所后，他又被调到力学所研究固体力学，并在由中科院和清华大学合办的工程力学研究班担任钱伟长的助教。1001设计院组建后，他奉命担任副院长，协助郭永怀工作。

老同学见面真是又惊又喜，两双有力的大手紧紧地握在了一起。在联大读书的时候，两个人都是系足球队的主力队员，杨南生是眼准手稳的守门员，王希季是腿快脚狠的右前锋，没想到机缘巧合，因为共同的事业，两人今天竟又走到了一起。

除了来自北京1001设计院的一批人员外，上海机电设计院又从各大学和相关技校调集了几百名在读的学生。站在王希季面前的是一支非常年轻的队伍，技术人员的平均年龄只有21岁，许多人看上去还是稚气未消的少年郎。身为技术负责人的王希季，此时也不过37岁。

1001设计院制定了一种两级的运载火箭的研制计划。第一级取名“T-3”，第二级取名为“T-4”。采采用新型推进剂，但这种推进剂国外从未在航天工程中使用过。这个起点相对于当时的中国工业基础而言，实在是高得离谱。

不要说设计院的年轻人缺乏相关知识，就连王希季、杨南生这样的“老”先生，对火箭和卫星也知之甚少。

不懂就学，好在这两位都是工科研究生毕业的高才生，既受过严格的学术训练，又有着深厚的理论基础，触类旁通地学起来并不感到多么吃力。而且他们对热力学、燃料学、空气动力学、结构力学和涡轮机等方面的理论都了解，欠缺的主要是火箭方面的知识，以及综合利用诸多知识的实际工作经验。

不但自己要学习，要运用，要精通，还得让年轻的技术人员会学习，会应用，会实践，肩上的担子确实很重。有许多以前没有接触过的新东西，常常是头一天晚上通过啃书本刚刚掌握，第二天就得给大家上课传授，他们戏称自己这是“现买现卖”。

除了内部人讲授，还从中国科学院和其他高等院校请来专家教授，系统地为大家讲授空气动力学、飞行力学等相关的理论知识。

就这样一点点儿“摸着石头过河”，虽然在部分技术领域取得了一些进展，但王希季知道，在主战场上，进展并不理想，而且这种状况离研制目标存在很大差距。运载火箭的第一级“T−3”完成方案设计后，一些部件准备下厂试制，却由于选用的高能推进剂尚处于在实验室做试验的阶段，且毒性和腐蚀性太大，根本找不到工厂生产，远远超过我国的实际工业基础。难以克服的困难，使研制工作无法继续进行下去，集众多尖端技术难题于一身的“T− 3”只好止步于“纸上谈兵”。

再度下马

首战失利后，上海机电设计院开始调整发展方向。1958 年 11 月，杨南生和王希季带领技术队伍，着手设计一种新型运载火箭，命名为“T-5”。

1959 年 1 月，中科院遵照邓小平副总理关于现在发射卫星与国力不相称、要调整空间技术研究任务的指示，决定暂停大型运载火箭和人造卫星的研制，转而研制探空火箭，作为发展空间技术的练兵手段。

“T-5”是一种比“T-3”小得多的、带有制导系统的探空火箭，采用挤压式液体火箭发动机做动力装置，推进剂是液氧和酒精。这种火箭虽然不能用来发射卫星，但可用来做飞行试验，并由此进一步掌握火箭技术。

研制工作开展得非常艰苦，在许多基本条件都不具备的情况下，他们只好土法上马。没有电子计算机，就用手摇计算机进行计算。为了计算一条弹道，几个人夜以继日地干了两个多月,计算用纸堆起来,比办公桌还高。

大家一起潜心研究探索，认真分析论证，为了一个技术问题，大家各抒己见，有时会争得面红耳赤。在那些问题成堆的日子里，研制人员可以说是废寝忘食，每天晚上，办公楼里都是灯火通明，等到王希季他们拖着疲乏的身子走出办公楼，早已到了明月西沉、夜阑更深的时刻。

经过千辛万苦、千方百计的艰苦攻关，终于完成了T-5 火箭的设计和研制工作，并于 1959 年年底完成了第一枚火箭的总装。

尽管 T-5 火箭与之前的运载火箭相比，已经降低了技术指标，但仍然遇到了无法克服的障碍。例如，火箭上的柔性低温管未能研制出来；自动控制系统中的少数部件没有达到设计要求；摇摆发动机没有低温推进剂试车台，又不具备供应、储存、运输和加注液氧的设施，致使发动机无法试车；试验用的仪器设备不齐全、不配套。

“T- 5”的研制工作被迫中止，这枚现代化的火箭，最终成了一件漂亮的展览品。

通过总结前后两次失败的教训，他们认识到，研制运载火箭不能只考虑运载火箭本身，像发射卫星这样的重大工程，应该由很多大小不同、各有特点的系统组成，运载火箭只是这一工程的组成系统之一，除此之外，还要有发射场、测控网站、应用系统等一系列配套设施。因此，必须要有大系统的观念，否则绝不可能成功。

经过认真反复的思考，杨南生和王希季向组织提出了建议："从国情出发，从零开始，由小到大，以技术难度比较小的无控制探空火箭为突破口，从培养队伍、技术练兵做起，积极稳妥、循序渐进地创造条件，在适当的时候再开始运载火箭的研制。"此建议恰恰与中国科学院"学本领、打基础、培人才"的方针相符。

上海机电设计院党委采纳了他们的建议，报上级批准后迅速执行，在总结经验教训的基础上，做出了"研制工作由小到大、逐步发展"的决定。为了能够在短时间内取得突破性进展，王希季等人暂时抑制住向几百千米高的太空腾飞的渴望，而是一步一个脚印地从飞到几千米、几十千米做起。

实践证明，这是一条发展我国空间技术的正确道路。

负重前行

这次，为了确保万无一失，王希季他们决定稳扎稳打，将“T–7”研制分两步走：第一步，先搞一个小尺寸的模型火箭“T–7M”，成功后再正式推出全尺寸的“T–7”。

当然，别看“T–7M”是微缩版的，但技术原理与“T–7”是完全一样的，也就是说“麻雀虽小，五脏俱全。”

在管理模式上，这次与之前也不一样。这次，杨南生和王希季各有侧重，分工负责。王希季主要负责火箭研制，杨南生主要负责工程系统的研制。

国家仍然处于经济困难时期，拨给“T–7M”的经费很少，研制条件非常简陋。没有发动机系统液流实验室，王希季就在设计院里找到了一个离厕所不远的N1天井，在那里搭起了液流试验台，测试室则由停止使用的厕所改建而成。没有火箭发动机试车台，杨南生就在江湾机场找到了一座当年国民党军队遗弃的旧碉堡，改造成了中国第一个火箭发动机试车台，并在碉堡中隔出一块作为测试室，工作人员可在测试室里观察发动机试车情况。在这个简陋的“碉堡试车台”上，前后共进行了40多次试车，聂荣臻、张劲夫、钱学森等领导都曾冒着中毒、爆炸等危险，猫在碉堡里看火箭发动机试验。

在经济困难时期，大家普遍填不饱肚子，由于副食品严重缺乏，营养跟不上，很多科技人员出现了浮肿、夜盲等病症。尽管如此，大家却没有一句怨言，照样勤奋工作，不见丝毫松懈。

王希季恨不能一天24小时都用上。火箭的图纸有上千张之多，他必须一张一张亲自审核，对于关键部件组织重点攻关，确保万无一失。例如用于主火箭发动机启动的爆破薄膜，两位年仅20岁的女技术员就进行了700多次试验。但对于一些辅助性的设备，就采取因陋就简的办法。比如控制火箭头体分离的定时装置，是由一只价值7元的小台钟改装成的；火箭点火装置是将手电筒的小灯泡敲碎，取出灯丝裹上硝化棉制成的；没有吊车，火箭就用类似于辘轳那样的绞车吊上发射架；没有推进剂加压设备，就用自行车打气筒作为压力源，一下一下地将推进剂压入贮箱中；没有自动跟踪的遥测天线，就靠几个人用手转动天线来跟踪火箭。

面对这样一个进度紧、条件差、困难重重的开创性工程，共和国的优秀儿女们义无反顾地知难而上，始终保持着无私奉献的崇高理想、高昂饱满的工作热情。一群饥肠辘辘的人，每天吃着烂糊面和咸菜，常常在半饥饿状态下工作到深夜。他们绞尽脑汁考虑的不是如何填饱自己的肚子，而是怎样艰苦奋斗、白手起家，让中国的探空火箭早日飞上高空。

第四章

火箭终上穹苍

“T-7M”直插蓝天

1960年2月19日，中国第一种完全自行设计、制造的探空火箭“T-7M”完成了发射前的所有准备工作，静静地伫立在20米高的发射架上，只待一声令下就腾空而起，奔向遥远的天际。

早在几个月前，杨南生就在上海市郊南汇县老港镇东边的一处海滩上，选定了发射场场址，他带领一支队伍，日夜赶工，仅用了三个月时间，就完成了发射场的建设。

发射前几天，王希季率队到达发射场。这里环境比单位更艰苦，吃的是粗茶淡饭，住的是临时工棚。王希季站在简陋的指挥所里，内心有些忐忑。一个月前，他们刚刚经历了一次失败：首枚“T-7M”在点火发射的一刹那，由于推进剂发生泄漏，火箭在发射架上“轰”

地爆燃成了一团巨大的火球，至今想起来王希季仍然心有余悸。事故原因虽然找到并整改了，但这次会不会又出现别的问题呢？

“指挥所”距离发射架有百米左右，是田埂上用沙土包垒成防护墙的草棚。用芦席围成的“发电站”以油

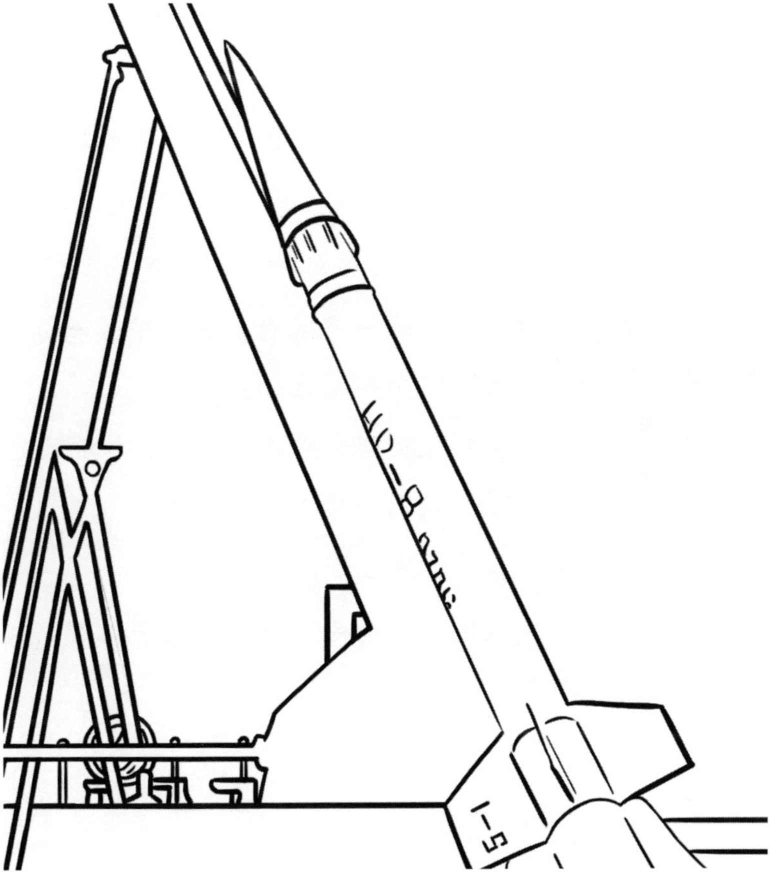

布篷为顶，里面一台借来的 50 千瓦发电机就放在地上。“指挥所”和“发电站”两处中间隔着一条蜿蜒的小河，水面上漂浮着枯枝败叶。

来不及架设通信线路，没有扩音器，没有步话机，也没有电话。不论是总指挥下达命令，还是各环节进行联络，要么靠扯着嗓子高声大喊，要么借助手势向对方示意。

当天，张劲夫、钱学森等领导也来到现场督战。

16 时 47 分，一切准备就绪。

发射总指挥王希季用略显紧张的声音下令:“点火!”

只见火箭发出“轰”的一声巨响，底部冒出一团巨大的白烟，沿着导轨腾空而起，直插蓝天!

王希季、杨南生和几位领导跑出指挥所，外面已经喊成一片：“成功了！我们成功了！”

王希季仰望着蓝天，眼里渐渐模糊了。

张劲夫、钱学森过来，向他和杨南生握手祝贺。

毛主席连说了几个“好”

随后的几次发射，“T-7M”都取得了令人满意的成果。尽管T-7M火箭的飞行高度只有8公里，但在中国航天史上，却是一个崭新的高度。这是中国人民的一次历史性跨越，是中华民族迈向太空的豪迈宣言，是一座伟岸的历史丰碑！

昔日，王希季是足球场上一名频频射门的前锋；如今，在奔向太空的科技战场上，他又成为了一位业绩不俗的“前锋”。

1960年5月28日晚7时30分，毛泽东主席在上海市领导的陪同下，莅临位于延安西路的友好大厦（今上海展览馆），视察陈列在尖端技术展览室的T-7M火箭。

步入灯火通明的大厅，毛主席便径自向银白色的探空火箭模型快步走去。他先关切地询问了火箭的研制情况和科技人员的生活情况，然后站在火箭旁边，认真地听技术人员的介绍，还读起有关 T-7M 主火箭的介绍材料。他一字一句地读得很仔细。从“这枚小型探空火箭”一直读到“上海机电设计院试制”为止。

当听到上海机电设计院技术人员汇报说，“T-7M”是在没有任何外国专家——包括苏联专家帮助，也没有借鉴任何资料的情况下，我们自行设计出来的，而且设计师队伍平均年龄只有 25 岁时，毛主席更是一连高兴地说：“好！好！好！”

有着诗人般浪漫情怀的领袖，怀着浓厚的兴趣仔细地观察着这枚火箭模型，上上下下巡视了好一会儿，然后指着它问道：“这种火箭能飞多高？”

“八公里！”讲解员据实回答。

毛主席轻轻“哦”了一声，看上去仿佛有些遗憾。但很快又爽朗地笑了，说：“八公里，那也了不起呀！我们应该是八公里、二十公里、二百公里地搞上去！”

气象火箭升空

T-7M火箭的成功，极大地鼓舞了科技人员的信心。接着，T-7火箭研制工作全面铺开，工程系统仍然是杨南生负责，王希季还是主抓火箭的设计研制。

T-7火箭研制非常顺利，不到一年就取得了成功，而且将飞行高度提高到了60千米。随后的改进型“T-7A”更是进一步将飞行高度提高到了115千米，可谓进展神速。

“T-7”是一种气象火箭，火箭首飞时，发射场已经改为603基地了。“T-7M”连续多次发射成功后，考虑到上海南汇发射场设施过于简陋，既不利于保密，也不够安全，箭体坠入海中后还无法回收，不能适应火箭快速发展的需要。于是，由院党委书记艾丁和王希季带领考察组，在安徽省东南部广德县某山中选定了新的发射场址。此处四面环山、杂草丛生、人迹罕至，是火箭发射的理想场所。新发射场于1960年3月动工，因而被称为“603基地”。杨南生带领着一班人马进行建设，他的艰苦创业，日夜奋战，只用了百余天时间，一个拥有高大的发射架、宽敞的发射坪、发射控制室、发动机测试室、推进剂加注房、遥测接收站、气象观测室和生活区的崭新发射场便竣工了。

1960年9月13日，T-7气象火箭在此发射成功。

随后，“T-7”的改进型“T-7A”也获得成功，飞行高度和运载能力也得到了大幅提升，达到了当时的国际水平。

“T-7”和“T-7A”的成功飞天，标志着中国探空火箭进入实际应用阶段。它们起初被用于气象探测，后来被扩展用于高技术试验。

以此为发端，中国探空火箭迅速形成了一个涵盖气象火箭、物理火箭、生物火箭、取样火箭等众多系列和种类的大家族。而作为探空火箭的开创者之一，王希季主持研制成功了中国18种探空火箭中的12种。

“小豹”和“珊珊”

1964年7月19日，装有4只大白鼠、4只小白鼠和12支生物试管的生物试验火箭在603基地顺利升空，中国正式开始了太空生物试验。然后，又进一步研制了可以用狗来做试验的更大的生物火箭。

太空生物试验的最核心目的，是要为以后的载人航天积累生理数据，要想更好地模拟人类，就必须寻找一种各方面更接近人的动物。刚开始准备选猴子，这是人类的近亲。然而猴子天性好动，难以进行测试训练，在买猴回实验室的过程中，曾发生过猴子大闹公共汽车、众乘客一齐捕猴的闹剧；在实验室中，猴子更是多次挣脱束缚，在实验室里上蹿下跳，让研究人员哭笑不得。最终，身形比白鼠更大，又更容易训练的动物，非狗莫属了。

实验人员从马戏团等处买来一些易于训练的狗，并在实验室中繁殖出了一支由一百多只小狗组成的狗群。然后，从中选择适合的“飞天狗”。选择的标准很严格，一是要求外观美。具体标准是：身体小巧，毛色富有光泽且紧贴身体，鼻子较短粗，眼睛圆而大，无分泌物，鼻部湿润，脸部口、鼻、眼的位置分布匀称，长相顺眼，样子漂亮。这条标准淘汰了百分之五十左右的备选者。二是要求情商高，它们必须性格活泼，亲近人，不怕陌生人。对新环境、新刺激感到新异，有明显的探究反射，而没有消极的防御反应。有些狗的性格不太好，胆小、见不得人、咬人、与人疏远、对新环境适应慢，甚至狂叫，这都不符合要求。三是要求性别全，必须是一条雄狗，一条雌狗。

经过层层选拔，雄狗“小豹”和雌狗“珊珊”脱颖而出，经由总工程师王希季确认后，最终确定了。

1966 年 7 月 15 日，“小豹”被装入火箭顶部为它们准备的生物舱，准备开启它们的高空飞行之旅。在生物舱中，布置了观察小狗呼吸、血压、心电和温度四大生理指标的仪器。研究人员希望搞清楚在飞行中的超重和失重阶段，小狗的这些生理指标将会如何变化。

然而，在发射即将进行时，却发生了一个意外。平

时十分乖巧听话的“小豹”，在进入生物舱后，突然变得十分狂躁，在那里又哭又闹。如果“小豹”以这个状态上天，不但不能正常进行测试，还可能在挣扎过程中弄断已经附加了测量设备的颈动脉，从而危及生命。

情急之下，发射指挥部紧急召回了已经撤离到附近山坡上的专职饲养员。这位名叫赵秀花的姑娘，和“小豹”感情最好，指挥部让她去做安抚工作。这时火箭已经安放在高高的发射架上，小赵必须徒手攀爬到最顶端，才能见到“小豹”。要爬这么高的发射架，小赵十分害怕，但为了实验成功，她克服内心的恐惧，咬着牙爬了上去。见到委曲的“小豹”，小赵一边呼喊它的名字，一边轻轻抚摸安慰它。“小豹”像见到了母亲一样，慢慢地平静了下来。

在检查火箭和“小豹”的各项参数均没有问题后，“T-7A”从发射架上腾空而起，将“小豹”送往高空，在20多分钟的飞行过程中，“小豹”各项生理指标虽然有不小的波动，但均属于正常的、短暂的和可逆的生理反应。飞行结束后，生物舱安全着陆。

随后，“珊珊”也乘坐火箭进行了一次同样的飞行。“小豹”和“珊珊”从高空安然无恙地返回地面后，不但发育成长良好，还成了“夫妻”，并繁殖了健康的后代。

生物火箭的飞行试验为后来的载人航天工程提供了捷径，使之省略了“生物飞行试验”过程，因为我们已经用生物探空火箭取得了动物在太空生活的大量数据。

送"东方红一号"上天

1965年是中国航天发展史上至关重要的一年。

这一年，我国的经济条件已大为好转，在导弹、原子弹"两弹"取得突破性成功的基础上，人造卫星的研制再次被提上了日程。

1965年1月，根据周恩来总理指示，由中国科学院提出卫星的具体方案。因此，就在之前"581"的基础上，将"651"定为新的人造卫星任务的代号。

之前，中科院根据"581"任务成立的1001设计院，即后来的上海机电设计院，已于1963年1月划归到国防部五院，国防部五院改组为七机部后，上海机电设计院也更名为七机部八院。王希季被任命为八院总工程师。1965年夏秋之际，八院从上海整体迁至北京，王希季一家人也再次搬家，并从此定居于北京。

历史再次将一个充满挑战而又令人羡慕的机遇赋予了王希季。在八院，由他主持中国第一枚运载火箭“长征一号”的研制工作。这样的际遇，对于一个献身航天事业的人来说，实在是可遇而不可求的。

此时，导弹、火箭、卫星的研制职能全都整合进了七机部，因而可以便利而充分地共享科研成果。七机部领导安排王希季专门查阅了全部的中程导弹技术资料。在了解现有的和可能提高的技术水平，全面斟酌国情，以及空间、地面、材料、技术等各方面情况的基础上，他得出结论：要使卫星成功进入轨道运转，并且达到测控系统能够“抓得住,跟得上”,地面能够“看得见，听得到”的指标要求，在预期的任务周期内，无论是火箭领域，还是导弹领域，都没有现成的运载工具，也没有可以稍微一改就适用的运载工具，必须重新研制。但不需要完全重新来。他创造性地提出了一个以中程液体导弹为火箭的第一级和第二级，新研制一种固体发动机火箭作为第三级的运载火箭方案。

这个方案最大限度地复用了成熟技术，以降低风险、节约时间。同时，经过研究后，他又确定，根据当前的中国技术基础，经过努力，可以完成固体火箭发动机的技术攻关。

要把人造卫星送入预定轨道，运载火箭必须达到7.9千米/秒的第一宇宙速度①，以克服地球引力。单级火箭虽然能冲出大气层，却不具备如此强大的动力。要想实现这样的目标，只能依靠多级火箭进行“接力推举”。

按照这个方案研制成功的运载火箭，就是中国运载火箭的先驱——“长征一号”。

①第一宇宙速度是指物体环绕地球做匀速圆周运动所需要达到的速度。在地面上向远处发射炮弹，炮弹速度越高，飞行距离越远，当炮弹的速度达到“7.9千米/秒”时，炮弹不再落回地面（不考虑大气作用），而环绕地球作圆周飞行，这就是第一宇宙速度。

1966年3月，七机部组织召开了“长征一号”方案论证会，认为总体方案可以满足“东方红一号”卫星发射的技术指标要求和时间进度要求，评审结论中有一句话是这样写的：“在可靠的基础上力求先进，符合国情，简洁而又切实可行。”

之前的老搭档杨南生此前已调任负责固体火箭发动机研制的七机部四院，任副院长。两位老战友再次携手合作。将人造卫星送上天，也是他们两人长期以来的共同心愿。

1967 年 11 月 1 日，国防科委决定将七机部八院的任务由研制运载火箭总体改为航天器总体，“长征一号”的总体任务则移交给七机部一院（中国运载火箭技术研究院）来负责。此时，在“长征一号”总体设计层面，王希季已经主持完成了很多重大关键技术攻关。这个时候让他移交给其他单位负责，说实话心里万分难舍。但组织的安排他必须服从。

他整理好“长征一号”的所有资料，亲自来到一院交接。后来，“长征一号”总体设计工作由一院著名航天科技专家任新民副院长接手并负责至结束。

1970年4月24日晚9时35分，在震耳欲聋的隆隆声中，“长征一号”携着我国第一颗人造卫星缓缓升起，巨大的气流把发射架底部导流槽的冰块吹到几百米之外。

18秒后，垂直上升的火箭开始拐弯儿并朝着东南方向飞去，越飞越快，转眼便消失在视线中。

15分钟后，指挥部的高音喇叭中传出喜讯：“星箭分离，卫星入轨！”

“长征一号”成功地把“东方红一号”送入近地点439千米、远地点2384千米的环绕地球轨道，轨道倾角为68.5°。从此，我国成为继苏联、美国、法国、日本之后、世界上第五个独立研制和发射卫星的国家。

“东方红一号”质量173千克，比苏联、美国、法国、日本四国的第一颗卫星质量之和还要大，这说明“长征一号”的运载能力已远远超过这些国家第一枚运载火箭的运载能力。

4月25日晚8时29分，当“东方红一号”飞经北京上空时，万人空巷，大家纷纷出门观看奇妙的卫星。在深情的《东方红》乐曲声中，大家看见卫星一闪一闪地从头顶经过。此时，距毛主席发出“我们也要搞人造卫星”的号召已经过去了12年，航天人没有辜负重托，交出了满意的答卷。

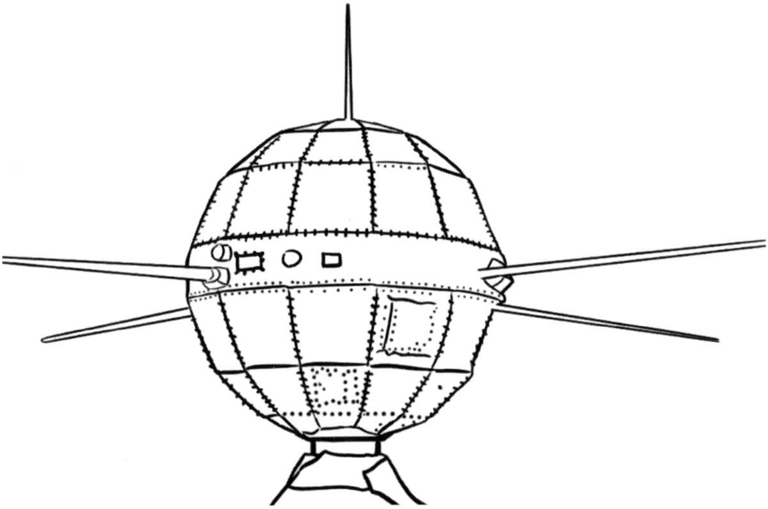

在很长一段时间里，“东方红一号”“长征一号”的主要贡献者中都没有王希季的名字。

1999 年，党和国家为研制“两弹一星”作出突出贡献的科技专家授勋时，充分肯定了王希季在“长征一号”研制工作中的奠基性作用：“他创造性地把我国探空火箭技术和导弹技术结合起来，提出我国第一枚卫星运载火箭的技术方案，主持长征一号运载火箭和核试验取样系列火箭的研制……”

被周总理保护起来

就在王希季废寝忘食地研制“长征一号”时，“文化大革命”开始了。

此时，王希季正率中国代表团参加在法国巴黎召开的国际宇航会议，从国外的报纸上，他似乎已经嗅到了一种与众不同的特殊“气味”。

果然，代表团一行回到北京，前来接站的同事就向王希季悄悄耳语说：“形势变化很快，你可要有思想准备啊！”王希季心中有些忐忑不安。

回到单位，首先映入眼帘的便是铺天盖地的大字报，他被打成了“资产阶级反动学术权威”，揭发他的大字报贴满了整整一墙。造反派翻出了他的“历史旧账”。原来，在出国留学前，他曾在重工程机械修理厂工作过一段时间，该厂隶属国民党军队联合勤务司令部，要求所有员工必须参加国民党。既然是规定动作，王希季也像所有人一样，“走过场”似的填了一张表，没有参加过国民党的任何活动。没想到现在因为这张表，被扣上了一顶“老牌国民党”的帽子。进而，还被无中生有地诬蔑为美帝国主义派回来发展特务组织的“间谍”。

王希季真是百口莫辩，他只能忍。

在这样的环境中，个人就像一棵微不足道、风雨飘摇的小草，厄运和灾难随时都可能降临在自己身上。王希季一时陷入了深深的痛苦和恐惧之中，不仅为自己的命运，也为自己主持负责的国家工程的命运而担忧，承受着精神和肉体的双重折磨。

周恩来总理为了保护这些科学家，迅速指示有关方面，将直接参加“两弹一星”工程的29个单位的主要科学家登记造册，要求必须要保护这些人的安全，不许批斗打骂，即便谁真的有严重问题，也要放到后期处理！并宣布对七机部实行“军管”①。

这一天，军管会主任来告诉王希季，说他将受到特殊保护。得知整个八院只有自己一个人在受保护名单上，他的心里有种说不出的感觉：一方面，能得到周总理的关心与爱护，心里感到无限温暖和感激；另一方面，又希望能有更多的同志享有这样的待遇，以便火箭研制

①即军事管制，由军队接管政府权力，对全国或部分地区、某些行业、个别部门实行的一种特殊的强制性管理和控制形式。通常在战争、骚乱、严重自然灾害和其他非常情况下实行。

工作能够顺利进行。

他认定自己有责任带起头来，“总工若不带头干，工作就不可能有人干，即使有其他人想带这个头，恐怕也很难能带得起来”。这么大的工程，绝不是靠少数几个人的努力就能完成的。因此，他不但自己带头干，还尽量带动更多有责任感的同事一起干。令人感到欣慰的是，技术人员仍然非常尊重他这个“资产阶级反动学术权威”，心甘情愿与他一起，在这种极不正常的情况下，艰难地开展工作。

王希季每天都在办公室工作到深夜，只有在这时，他才不会受到干扰和冲击，才能专注于国家的航天事业。在这段动乱岁月中，不但事业心和使命感成为了他的精神寄托与心灵支撑，工作本身也带给他了很大的安慰和愉悦。一进入那个思维的王国，周围令人苦恼困惑的一切便不复存在，写着算着，案头越堆越多的资料卡片，如同一个个奋进的音符，在他心中组合成翱翔太空的激昂旋律。

第五章

倾力卫星往返

中国能挑战尖端技术吗？

几乎就在东方红一号卫星研制工作起步的同时，王希季也在谋划着另外一种卫星。

“东方红一号”的设计要求是12个字：“上得去、抓得住、听得见、看得到”。上得去就是火箭能成功将其送上太空，抓得住就是自动控制系统能产生作用让卫星在既定轨道上飞行，听得见和看得到就是指能在地面上亲耳听见、亲眼看到。

而王希季规划的卫星，除了上述要求外，最核心的是“回得来”，因而是一种“返回式”卫星。他认为时机成熟了，便郑重地向上级提出了启动返回式卫星的研制计划。

1965年12月，七机部副部长钱学森在听取王希季等的汇报后说：“国防科委罗舜初副主任对我说，科学院搞4个卫星系列，20颗卫星是力不胜任的，4个系列怎么搞法，让七机部准备个意见，具体就是让你们八院准备意见。”1966年1月4日，罗舜初在中科院的卫星设计院成立请示文件上批示：“卫星设计不是一个院所能承担的，同时应发挥七机部八院的作用，应考虑两个院分工的意见。”

于是，八院在王希季的领导下，于1966年1月开始了中国返回式遥感卫星总体方案论证工作。钱学森对王希季明确指示：“返回式卫星要迅速做，飞船以后再考虑，八院现在有多大劲就用多大劲！”把返回式卫星列入首要日程。

王希季带队历时一年，对返回式卫星的总体及各个分系统的详细论证终于完成，1967年9月，通过了七机部的方案审查。

首颗返回式卫星由返回舱和仪器舱两个舱组成，其外形像羽毛球，底部最大直径2.2米，起飞质量1800千克，返回舱质量约600千克，设计的卫星近地点高度约为180千米、远地点高度约为450千米。

20世纪80年代，航天工业部科技委主任任新民出访欧洲时，欧洲的同行们敬佩地对他说：“中国的航天技术有两件事了不起，一件是独立自主地研制出氢氧发动机，另一件是独立自主地研制出了返回式卫星。”返回式卫星堪称世界航天桂冠上一颗璀璨的明珠，有着极其广泛的军、民实际用途——尤其是，它是载人航天的核心技术之一。因为载人航天的特点就是不仅要把航天员送上太空，还要让他们准确、安全地返回。返回式卫星技术这一关过不了，也就无法发展载人航天。

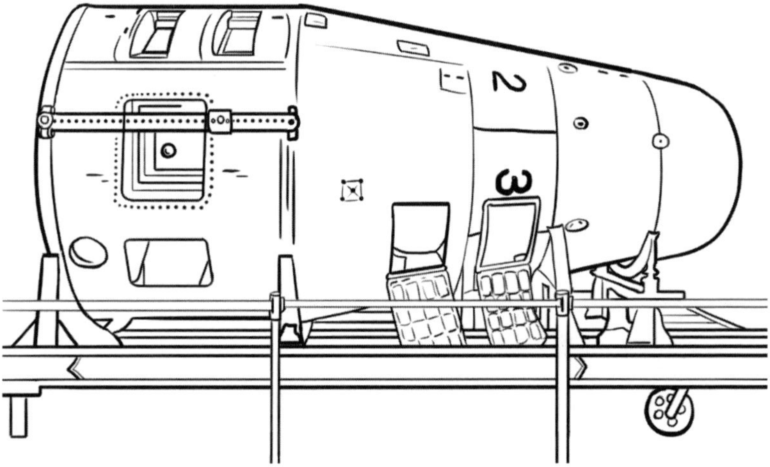

“东方红一号”是不需要返回的，因此技术难度要小很多，而返回式卫星的技术难度极高，当时，世界上只有美国、苏联两个超级大国研制成功了返回式卫星。作为太空第一强国的美国，曾经一连发射12颗“发现者”返回式卫星，在回收时均告失败，直到第 13 颗卫星才

实现成功回收，其技术难度可见一斑。那中国能挑战这个尖端技术吗？王希季的回答是：“能！”。基于当前的中国国情，尤其是在飞行器总体设计、结构设计、遥测系统设计、回收系统设计方面打下的基础，他果断研判：我们有能力、有条件可以发起一次“太空冲锋”了。

返回式卫星价值巨大、技术又极其尖端，如果能研制成功，那么中国就将成为世界上第三个掌握这项技术的国家，跻身于世界航天顶级俱乐部了。

58次空投

王希季负责提出的返回式卫星设计方案，是一个充分利用运载火箭能力、采用弹道式返回方式的大返回舱方案。这个方案既借鉴了国外返回式卫星的合理成分，又考虑了国内的技术条件和工业水平，正确处理了先进性、可靠性和持续发展之间的关系。

大容量返回舱虽然研制难度很大，但是以后可以用作多种返回式卫星的公用舱，使得新研制的返回式卫星，可以集中力量提高在轨性能和有效载荷水平，既能缩短研制周期，又能节省研制经费。

为了减轻整个卫星的质量，王希季采取“一分为二”的策略，将必须返回的物品以及在返回过程中需要工作的设备集中在返回舱；其他无须返回的物品，则集中在另外的舱体内，在卫星返回地面之前抛弃。

在研制过程中，有大量的新技术、新设备需要进行高空试验。高空试验有两种方法，一些试验可以使用空投，另一些试验可以使用探空火箭。

空投就是从不同高度和速度的飞机上，投下装有回收系统的模型，模拟回收系统的实际工作状态，以进行测试分析，使问题得以暴露。

空投试验都要选在空旷无人的野外，好尽快找回模型，同时避免伤及地面人员。在返回式卫星研制过程中，总共进行过 58 次空投试验。试验队员们吃尽了苦头，有时需要在零下三十多摄氏度的野外进行试验，有时需要在齐腰深的芦苇塘里寻找模型。

探空火箭在返回式卫星的研制过程中派上了大用场。例如，新研制的红外地球敏感器，是用来对地球进行扫描，以适时确定卫星的对地姿态，有着极高的可靠性要求，必须进行充分试验。再如，国产胶片在高空环境中对地面的感光效果到底如何？也只能通过探空火箭来试验。

探空火箭属于无控制火箭，从高空降落的地点无法预知。虽然可以通过计算进行预测，但高空气流瞬息万变，预测难度很大，回收比较麻烦。

沙漠寻宝

一次，在酒泉发射基地发射的一枚技术试验火箭，箭头落到了距发射塔正南100千米处的巴丹吉林大沙漠西端。箭头中装有返回式卫星用的高空摄影机和红外地球敏感器等试验仪器。

王希季的得力助手林华宝等三人乘飞机前去寻找，本以为飞过去很快即可找到，却不想飞过来飞过去反复巡查，直到低空盘旋着搜索了好几遍，才终于发现了目标。带队的同志向司令部汇报时说，估计从沙漠边缘到箭头落点约有一个小时的路程。

林华宝和另一位参加搜寻者不同意他的意见，认为进沙漠搜索很困难，绝不会是那么简单就可以找到的事。司令部命令他们次日一早就出发去找箭头。无奈中，林华宝只好给留在发射基地的王希季打电话汇报情况，并说明自己的看法。

王希季赞成林华宝的观点，但因为司令部已经下了命令，也不好再多说什么，但他当即在电话中表示：“我和你们一起去！”

二十余人组成了一个小分队，有几位是发射基地的战士，由搜索连的彪形大汉——马指导员担任向导。

巴丹吉林不但是世界三大沙漠之一，而且高度排在第一位，海拔达 2300 多米。他们一行半夜乘车出发，清晨来到山口处，软沙漠上汽车走不动，只能徒步进行搜索。

从硬戈壁进入软沙漠，只见连绵起伏的黄沙一望无际，沙随风走，坑丘互变，大地上没有任何参照物，根本辨认不出东南西北。面对凶险的漫漫沙海，不管王希

季怎样坚持同行，林华宝等人无论如何也不让他再往前走一步。他们留下较重的东西，请求他在原地等待，作为他们进入通道后的联络与指示点。

拗不过大家的心意，王希季只好留下来，听任林华宝带领一行人向沙漠深处走去。眼看同伴们戴着草帽、背着水壶的身影越来越小，直至消失，他才收回目光，怀着复杂的心情，开始了漫长而又揪心的等待。

放眼望去，茫茫的沙层如波纹，累累的沙丘似浪涛，沙漠如同海洋一般的浩瀚起伏，无涯无际。只不过它是凝固的海，死亡的海，看不到任何生命的迹象。

正值七月酷暑，似火的骄阳将沙漠变成了一口干了锅的大蒸笼，气温越高，空气越干燥，阵阵热浪迎面扑来，鼻腔内似有一种被灼伤的感觉，喉咙更是干得冒了烟。

一个上午过去了，不见林华宝他们的踪影，王希季不免着急起来，不住地抬腕看表。开始时，他发出信号弹，沙漠里有回应，后来，再发信号弹，连回应都没有了。时间一分一秒缓缓流逝着，有种度日如年的感觉。莫非他们迷路了吗？还是遇到了什么情况？

沙漠的黄昏景色无比壮美，晚霞不仅将天空渲染成一幅色彩斑斓的抽象画，还为大地铺上一层辉煌绚丽的光辉。撩人的美景引不起王希季丝毫的兴致，他的全部心思都在失踪了的同伴们身上，惦记他们的饥渴，牵挂他们的安危。

从气温上说，戈壁滩的一天几乎囊括了春夏秋冬四个季节，白天还是酷暑难耐的盛夏，入夜却气温骤降，寒气袭人，刺骨的冷风吹得王希季止不住阵阵颤栗，上下牙不时发出快节奏的碰撞声。夜幕笼罩下的沙漠，黑暗中呈现出一派瘆人的寂静，足足等了一整天的他心急如焚，全然没有一丝睡意。自己真该坚持与他们一起去寻找，多一个人总会多一双眼睛，多一份力量，多一个主意。整个晚上，他一眨不眨地紧盯着沙漠的方向，生怕错过了战友们发出的信号。

拂晓时分，他又发出一颗信号弹，终于得到了回应，谢天谢地，一颗悬着的心总算可以放下了。透过微薄的晨曦，看到远处沙丘上出现了缓慢移动着的一行身影时，他迫不及待地大步迎上前去，只见队员们一个个灰头土脸地挂满了黄沙，身上背着回收物，迈着踉跄的步子疲惫不堪地走来。他奔跑过去，与队员们紧紧地拥抱在一起：“我心里真是急呀，你们再不出来，我就要请求空军派飞机寻找了！”

原来，队员们进入沙漠后找了整整一天，才发现埋在沙中只露出一点尾翼的箭体。等找齐了设备，已经是晚上八点多了。在夜晚回来的途中，又因天黑辨不清方向而迷了路。由于太远，王希季发出的信号弹他们也看不见。又渴又饿的队员们走走歇歇，走了整整一夜，待拂晓时，才看见了王希季再次发出的信号弹。

回到基地，在70千米高空拍摄的胶片冲洗出来后非常清晰，试验取得了圆满成功，王希季和大家都非常高兴。在荒凉的基地，没有条件为试验队员们设庆功宴，王希季自掏腰包，在基地唯一的一家冷饮店中，以汽水和冰淇淋来犒劳这些可爱的年轻人。

“返回式卫星有功”

返回式卫星终于迎来了正式发射的日子。

1974 年 11 月 5 日，在酒泉发射基地，返回式卫星将由航天一院研制的长征二号火箭发射。但在发射后不久，火箭姿态失去稳定，偏离预定轨道，在升空后 20 秒时自毁。

面对试验失败，科技人员在痛心的同时，迅速开展了回收检查工作。他们在天寒地冻中把沙漠翻了一尺多深，拿筛子把炸碎的火箭卫星残骸筛出来。最终找到了发射失败的原因，事故源于火箭一根导线的断裂，之前没有查检出来，后来仔细分析后，才知道这根导线事前受了“暗伤”，火箭起飞后，在剧烈震动下，导线断开，造成了星箭俱毁的巨大损失。

由于这个问题的出现，让王希季等意识到可能还有一些隐患需要进一步排查。于是，重新组织人员对卫星和火箭的几十万个零件进行全面测试，并采取有效的保障措施，整整花了一年的时间。

一年后，1975年11月26日，承载着一颗崭新的返回式卫星的火箭再次矗立在酒泉发射基地的发射台上，完成了全部准备工作，进入发射倒计时。

进入30分钟准备，中央军委副主席叶剑英[1]接到国防科委主任张爱萍的报告后，只以四个字作答："静候佳音！"这简短的四个字却别有深意，是信任，是鼓励，是期待，是祝福，也是要求，是命令！

从王希季向上级提出开展返回式卫星研制工程的建议至今，已经整整十年。王希季没有亲临酒泉发射基地，

①叶剑英（1897年4月28日—1986年10月22日），原名叶宜伟，字沧白，广东省梅县人，久经考验的共产主义忠诚战士，坚定的马克思主义者，伟大的无产阶级革命家、政治家、军事家，中国人民解放军的缔造者之一，中华人民共和国的开国元勋，长期担任党、国家和军队重要领导职务的卓越领导人，中华人民共和国十大元帅之一。

而是在北京指挥中心坐镇，对于他来说，发射上天不是他考虑的重点，最关键的是能不能正常运转和准时返回，这才是这次发射的终极大考。他的心情和现场参试人员一样，既兴奋，又有一丝莫名的紧张。

中午12时整，指挥员一声令下，点火后的“长征二号”像一条腾空的巨龙，拖着长长的橘红色的火焰直冲云天。跟踪遥测显示火箭按规定程序飞行，并顺利将重达1800千克的卫星送入近地点高度173千米、远地点高度483千米的预定轨道，入轨精度完全符合设计要求。

初战告捷的消息传来，王希季稍稍松了一口气。

返回式卫星在太空环绕地球一周需耗时91分钟。当卫星沿着地球轨道顺利地环绕一周后，发射现场的林华宝等就迫不及待地登上专机，向陕西渭南方向飞去，身在现场的钱学森也随机一起前往测控中心亲自督战。

约三天后，当卫星运行到第47圈时，遥控站按时发出了卫星返回调姿遥控指令。地面接收站立即收到了卫星调姿过程的遥测参数，调姿正常。遥控站又发出了返回舱与仪器舱解锁和启动时间控制器的指令，仪器舱上的分离火箭发动机随后点火工作，两舱分离。接着，根据回收时间控制器发出的指令，返回舱起旋，返回舱上的制动火箭发动机点火、工作。一时间，显示卫星飞行参数的记录仪成为人们目光的焦点，上面的参数表明制动火箭工作正常。

卫星胜利返回祖国大地已成定局，在场的所有工作人员群情振奋，相互握手致意，祝贺这受命于动乱之时、研制于艰难之中的中国第一颗返回式卫星来之不易的成功。

但在最后关头，又出现了一个小插曲。明明遥测数据显示出卫星已进入返回轨道，但到了回收舱该降落的时间，集结在四川盆地回收地点的搜索部队踏遍山川田野，却寻不见它的踪影。

卫星丢失的消息传来时，王希季正在北京国防科委办公大楼中。测控中心的监测数据表明，卫星返回过程中一直运转正常，跟踪系统直到接近回收场区时才丢失了目标。他马上帮助计算，看看返回舱可能落在了什么地方，随算随把相关数据传至测控中心。

从中午 12 时直到下午 6 时，搜索部队以及雷达等跟踪系统仍然找不到卫星的返回舱。下午 6 时 30 分，贵州省军区打电话报告总参谋部说，在贵州六枝地区关岭铁索桥旁的树林里，民兵发现了一个不明飞行物。当王希季的同事王和忠等人抵达该地时，发现它正是返回式卫星的返回舱。由于有多层密封的保护，从太空遥感的宝贵资料完好无损，王希季长舒了一口气。

返回舱回收虽然不是特别完美，但毕竟还是相当的成功，中国航天人又一次创造了奇迹，大家沉浸在巨大的自豪和喜悦之中。返回式卫星的成功使我国成为继美国、苏联之后世界上第三个掌握卫星返回技术的国家。中国人，又在太空中立下了一座里程碑，抵达了一个全新的高度。

叶剑英副主席看到试验结果报告后，激动地挥毫题下了“返回式卫星有功”七个浓墨重笔的大字。

"中国会有的！"

1986年10月，德国的一个空间技术机构邀请中国同行们前去参加一个研讨会，主题是利用航天飞机搭载微重力试验。然而，在会上，有人出言不逊地质问中国代表："你们没有进行过这种微重力实验，拿什么来和我们交流呢？"

面对这个令人尴尬的问题，中国科学家林兰英斩钉截铁地回答："中国会有的！"

林兰英是一位颇具传奇色彩的科学家，在20世纪50年代从美国归来报效祖国，在中科院工作。面对外国人如此傲慢的挑衅，民族自尊心受到伤害的她除了恼怒外，更被激起一股不服输的倔强。回国后，这位科学女杰立即找到自己的同乡、中国空间技术研究院院长的闵桂荣。讲述了事情经过后，她激动地说："我们为什么不能用我们自己的卫星做自己的实验呢？如果可能，我们中科院半导体研究所将要求在返回式卫星上进行砷化镓晶体生长实验！”她还提出了一个试验的设想，她的心情非常急切，恨不得马上就做。

闵桂荣听了很是动容，立即带着林兰英的提议找到王希季，两人一起探讨实验的可能性。

王希季早就对国外利用返回式航天器做微重力实验产生了浓厚的兴趣，早在70年代初期，世界主要航天国家就在微重力材料加工、空间制药和空间生物学效应等方面开展了大量的研究实验。实验结果证明，在微重力条件下，有些地面上不能融合的物质可以均匀混合，而且不需容器即可融化和固化物质，不但同类合金比地面形成的强度大，制造泡沫金属和圆度极好的小球体、大晶体等特殊工艺效果也非常理想。以砷化镓作集成电路的芯片材料，比硅有着更大的优越性。但在地球上从液态形成固态结晶体时，由于受对流的影响，不同比重的组份合在一起很难达到较高的均匀度，因此产品的品质不高，成品率也低。

在对林兰英的要求和设想进行深入的研究后，王希季认为，从我国当前的情况看，用半年后发射的返回式卫星搭载这个实验是可行的。但时间太紧，而且要冒相当大的风险。一是，要改变返回舱的布局，可能导致整个卫星失去平衡。二是，做砷化镓实验时炉内温度高达1200摄氏度，这如同在卫星中装上了一枚“小炸弹”；三是，这颗卫星原定要上法国马特拉公司的蛋白质晶体生长和藻类培植两个实验项目。当时有条件做这种实验的，只有俄罗斯的宇宙飞船、美国的航天飞机和我国的返回式卫星。这是我国首次利用返回式卫星为国外客户提供服务，若出现闪失，经济损失和国家形象都会受到较大的影响。

面对这种局面，航天系统产生了两种截然不同的观点。而王希季的态度非常明确，他说：“如果二者只能选其一，我们宁可放弃国外的，也要支持上我们自己的实验。为外国客户提供服务，虽然有可观的经济收益，也不过就是一个商业行为而已；国内的实验则有着更为深远的意义。”最后，作为总设计师的王希季果敢拍板，做出了令许多人都捏一把汗的大胆决定：国内国外的实验项目同时上！

为了不影响本次卫星主任务——空间对地观测，王希季在带领队伍加紧攻关的同时，提出了三条明确要求：一是搭载的产品一定要自成体系，它的任何故障都不能影响到原定任务的圆满完成；二是所有搭载物品都要严格按卫星的条件加以制造验收，要全面审查以保障质量；三是整个布局要周密安排，不能损坏卫星的质量特性。

半年后，我国第九颗返回式卫星如期发射到预定轨道，经过五天的轨道运行，捷报传来：在安全返回的舱体内，主任务产品和中、法两国搭载的微重力实验均获成功！

法国专家称，这次搭载实验“一切都是按照预订计划进行的”。法国舆论界认为，这次成功的发射和回收“证明了中国在航天领域的潜力，尤其证明了中国人跻身世界卫星发射俱乐部的能力”。

中科院的砷化镓晶体实验也取得了圆满成功，生长出的砷化镓晶体不见杂质条纹，结构完整，组分比均匀，具有很高的学术价值和经济前景。后来被誉为“太空材料先驱者”的林兰英院士，看到在太空结成的火炬状的砷化镓晶片时，激动得热泪盈眶。

此后，我国陆续在自行研制的返回式卫星上进行了上千项科学实验和技术试验搭载项目，在材料加工、微生物培养、动物繁殖、植物育种及流体科学研究等方面，均取得了极有价值的成果。每颗星的搭载质量从最初的几十千克增加到近三百千克。

经太空育种培植出来的西红柿、青椒，既高产、早熟、抗病虫害，个头比普通的要大上两三倍，维生素C的含量高出20%左右，吃起来口感还特别好。“华航一号”水稻新品系，增产幅度高达70%。“太空小麦”具有短秆、早熟、耐旱、抗倒伏等特点，经遍及20多个省、市、自治区的70余家单位试种，产量有显著提高。返回式卫星搭载开启了为国民经济建设服务的新篇章。

第六章

心血浇铸天疆

一定要抢占天疆

随着航天科技的发展，王希季在浩瀚太空的视野也变得更加广袤。

在陆地、海洋、大气层之外，受地球磁场影响的地球空间系统，被认为是人类生存和发展的“第四环境”。联合国《外层空间条约》[①]作为建构外层空间法基本框架的“宪法性”文件，将外层空间定位为“全球公域”，

①《外层空间条约》，全称为《关于各国探索和利用包括月球和其他天体的外层空间活动所应遵守原则的条约》，1966 年 12 月 19 日联合国大会通过，1967 年 1 月 27 日开放供签署，1967 年 10 月 10 日生效，永久有效期。

明确了“不得据为己有”与“人类共同继承遗产”等基本原则。也就是说，各国都有权探索和利用，但绝不能通过主权要求、使用和占领或其他任何方法据为一国所有，各国不具有像领土权、领海权、领空权那样的“领天权”。但实际上，外层空间这一新的探索领域蕴藏着无以数计的资源，蕴含着不可估量的经济和军事价值，对于任何一个国家而言都极具诱惑力，已成为各航天大国竞相追逐的目标。因而，在激烈的明争暗夺中，一些特殊权益已经逐步被变相控制，例如，太空有利的轨道位置和频率资源是有限的，谁先占据，权益就归谁了。

从这个意义上讲，太空也有疆域的划分。

早在20世纪60年代，美国总统肯尼迪就不无忧虑地说过：“如果苏联控制了空间，他们就能控制地球。”苏联领导人也认为：未来的战争，外层空间是重要战区，谁能控制空间，谁就能占据决定性优势。1994年，美国总统克林顿亲笔签署了第12906号总统令，批准建立国家空间数据基础设施。

始终密切关注国际航天动态的王希季敏感地意识到，美国已将太空视为新的可占领疆域，并在大力进行建设和开发。

他认为，21 世纪人类对航天能力的依赖，将会达到过去对电和石油一样的依赖程度。这种趋势早就初见端倪：远程教育、移动通信、导航定位、气象预报等都是通过卫星实现的。面对资源枯竭、环境恶化和人口激增这三大全球性亟待解决的问题，航天技术在新时代的作用将不可替代。开发取之不尽、用之不竭的空间资源，可有效缓解资源危机；建立全球卫星观测系统，有利于认识环境变化的规律，从而找出解决环境恶化问题的正确途径；将人类生存空间扩展到太空，是减轻地球人口负荷的可选途径。

通过系统的研究、缜密的思索，以及与同仁间的反复交流探讨，王希季旗帜鲜明地主张“要像开发陆地和海洋一样去开拓天疆”，并逐步发展出了一套系统性的战略构想。大致内涵有，要纳入国家层面的统一意志和行动，要早动手占得先机，要抓紧建设空间基础设施，要军民结合全力开发等。在这套构想之外，他还率先提出并系统阐述了空间资源、空间基础设施、空间疆域等概念。

他所谓的“像开发陆地和海洋一样”，意思是开发天疆也要从建设基础设施做起。铁路、公路、电站、港口、电信等是人类在地球上生产和生活的基础设施，而各种航天器及地面辅助设备就是人类在太空生产和生活的基础设施。

2001 年，王希季与闵桂荣、庄逢甘、张履谦三位院士联名向中国工程院提交了《建设我国的空间基础设施》的研究报告，中国工程院评审认为，这份报告是一份有创见的、及时的、系统性和操作性强的咨询报告，具有重要的战略意义。

2002 年年底，他又与梁思礼、童铠、李济生三位院士联名提交了《发展我国第二代卫星导航定位系统的讨论》，建议我国第二代卫星导航定位系统建设按先区域、后全球的原则分两步实施，建成高精度、区域加强的全球卫星导航系统。这就是如今的“北斗卫星导航系统”，是全球四大导航系统之一。

在 863 计划中，王希季参与了航天领域的两个主题研究工作，其一是大型运载火箭及天地往返运输系统，其二是载人空间站及其应用。在他的构想中，空间站也是重要的空间基础设施，他认为这是人类在太空生产和生活的最理想平台，而卫星、飞船和航天飞机都不合适，因此他对中国空间站的建设不遗余力，通过 863 计划快速地推动了项目的实施。

国家确定的“2006—2020 年 16 个重大科技专项”

工程，是被誉为可与“两弹一星”比肩的国家级重大科技项目。“高分辨率对地观测系统工程”是 16 个重大科技专项之一，王希季为此倾注了许多心血。他与中国航天科技集团公司总经理王礼恒共同担任实施方案编制小组的组长，对方案进行顶层设计，指导方案编制完成并推进立项。这一重大专项的实施，将紧紧围绕发展我国战略性空间基础设施的目标，构建天、空、地三个层次观测平台，形成全球覆盖的全天候、全天时对地观测能力。2013 年 4 月，“高分一号”成功发射，正式拉开了该工程的序幕。

参与载人航天论证

中国的载人航天从何起步，如何发展，一直是王希季十分关注的问题。早在20世纪60年代后期，他就开始对载人飞船进行研究，并带领科技人员提出过多个载人飞船的初步方案。

1971年，国家曾批准立项研制一艘名为“曙光一号”的双人飞船，王希季也参加了这个飞船的论证工作。在“曙光一号”计划因故夭折后，他始终留意着国际载人航天的动向。1987年9月，王希季率中国航天考察团赴美国考察，前往马丁·玛丽埃塔公司和美国载人飞行中心交流，在此行中他就重点了解了美国花费昂贵代价研制的航天飞机。

王希季发现，美国选用航天飞机这种航天器，初衷是为了降低成本，理由是：航天飞机既可以像火箭那样垂直发射，又可以像卫星那样在某一轨道运转，回收时还能像飞机一样滑翔着陆，而且还可以重复利用，理论上是极好的。但他经过仔细计算后发现，原指望运载单价从每千克3000美元下降到600美元，而事实上却高达每千克7000多美元。如此看来，航天飞机只是“看上去很美”，并不经济。考察归来后，王希季在汇报中谈到：我国进入空间的技术水准还未达到相当程度，需要航空、航天两方面尖端技术且投资可观的航天飞机，不是我国的最佳选择。

自美国研制航天飞机以来，各国航天界纷纷追随。苏联研制了“暴风雪号”，欧洲空间局13个成员国决定研制“赫尔姆斯”，联邦德国制定了“森格尔”计划，英国与日本分别推出“霍托尔号”和“希望号”等航天飞机计划。

我国航天界也坐不住了。1988年7月，在哈尔滨召开的一次会议上，绝大部分人都主张追赶潮流研制可以“重复使用”的航天飞机，甚至有人认为航天飞机都不够档次，应该直接研制可以像飞机一样水平起飞和降落的“空天飞机”。

只有王希季等少数人持反对意见。王希季认为应当按照“立足国情、立足阶段、力争先进”的原则来考虑发展方向，航天飞机不可行，载人飞船更好。当然，他的观点遭到很多人反对。王希季拿出数据进一步佐证他的观点：“重复使用的并不都是经济的”。由于王希季在航天界的声望，加上他和其他几位科学家的极力反对，这次会议得出的主导意见是我国目前还不具备发展空天飞机和大型航天飞机的条件。

但王希季对航天飞机并不是全盘否定，美国耗资几百亿美元、历时十几年研制，在技术和思路上有很多值得借鉴的地方，我们应当批判性吸收。因此，他提出了一个比较现实可行的思路：把载人飞船的某些局部设计成可返回重复使用。他指导研究机构对多用途载人飞船方案的技术、经济可行性做进一步论证。

1989 年 10 月，航空航天工业部召开了小型航天飞机与多用途飞船的比较论证会。王希季率飞船论证组 6 名代表参加了会议，会议从五个方面对两个技术途径进行了详细对比，终于提出“载人飞船”才是符合国情的最佳选择。

上报后，国家主管单位遂决定从载人飞船起步发展中国的载人航天事业。于是，中国“神舟”系列飞船的研制步入正轨，王希季是“神舟”总体论证的高层负责人。

事实证明，各国雄心勃勃的航天飞机计划发展得并不顺利，美国的“挑战者号”“哥伦比亚号”相继失事，苏联的“暴风雪号”停飞，“赫尔姆斯号”于 1992 年下马，“霍托尔号”“希望号”也都面临许多困境。2011 年 7 月，美国历时 30 年的航天飞机项目被迫终止，美国航天飞机时代宣告结束。曾因为有了航天飞机而一度停止运载火箭发展的美国，重新恢复了一次性运载火箭的研制。

正在国际航天界深刻反思之际，中国的载人航天却大踏步向前，将绝大多数国家远远甩在了后面。1999 年，中国发射首艘无人飞船“神舟一号”，2003年发射首艘载人飞船“神舟五号”，2005年起飞船开始搭载多名航天员，2008年中国航天员进行太空出舱活动……

对此，王希季深感欣慰。

八十岁再立“军令状”

一直强烈推动建立中国空间基础设施的王希季，很早就认识到了“小卫星”的发展趋势和独特作用。

小卫星易于制造和生产，研制周期短，成本低，可靠性高，发射灵活，尤其适宜一箭多星发射，从而能大幅度降低发射成本和研制费用。由若干颗小卫星组成的“星座”更是具备许多大型卫星都难以达到的功能，可广泛用于高空探测、数据通信和对地观察等领域。例如，美国的全球定位系统①（GPS），即是由24颗小卫星组成的“星座”。

中国在启动小卫星项目时，是采用系统内招标的方式明确研制单位，最后由中国空间技术研究院和一个兄弟单位两家竞争，要求是两年内拿出合格产品。面对如此苛刻的要求，原本志在必得的对方表示出退却的态度，

①全球定位系统（GPS）是美国从20世纪70年代开始研制，历时20年，耗资200亿美元，于1994年全面建成的一种以人造地球卫星为基础的高精度无线电导航定位系统，它能够为全球任何地方以及近地空间的装有GPS接收机的移动设施提供准确的地理位置、移动速度及精确的时间信息。

GPS自问世以来，就以其高精度、全天候、全球覆盖、方便灵活吸引了众多用户。

理由简单而充分：“不是我们做不出来，而是这样苛刻的条件谁都做不出来！”话音刚落，王希季便明确表示：“我们可以！”于是，成功拿到了这个项目的研制合同，该卫星命名为“实践五号”。

实践五号小卫星由王希季任首席专家，马兴瑞和张永维分别任总设计师和副总设计师。该项目时间紧、任务重、经费少，这些王希季心中都有数。之所以毫不犹豫地把这个项目接下来，一则高效、省时、省钱原本就是他工作的一贯追求，二则他还有更为深远的考虑。他要通过立“军令状”的方式狠狠地逼自己人一把，以此为契机进一步提高团队的研发水平和效率，赶上国际上航天事业大发展的时机。他一针见血地指出："在空间基础设施方面我们必须尽快上位，否则将处于一种落后的、地位很低的、勉强维持而从头搞起又嫌太晚、依靠别人又不愿意的尴尬局面之中！"

将卫星体积变小并不容易，王希季大胆支持设计队伍提出的"系统集成"研制思路，从而大大缩小了卫星体积。为了争取时间，王希季还将他研究了很久的"集同工程法"（也称并行工程）引入小卫星研制工程中。"集同工程法"是美国工业设计制造产品使用的一种先进方法，所有研制人员均能在同一时间共享有关信息，使得有关问题可以集同起来加以分析、研究和解决。

已近八十高龄的他，其实不必亲自到一线，但为了准时完成、一次成功，他从来不辞劳苦。仅在太原卫星发射中心就待了整整一个月，总装、测试、加注，他都亲自督阵，层层把关，一切就绪后，他还要对容易被疏忽的地方再逐一查看一遍。

多措并举，研制效率得到显著提高，"实践五号"在规定期限内顺利出厂，于 1999 年 5 月 10 日被顺利送入高度 870 千米的太阳同步轨道。"实践五号"成为小卫星的奠基者，也成为后来一系列小卫星的基本型。

造福全人类的太空电站

能源是人类社会赖以生存和发展的主要物质基础，煤炭、石油等消耗性传统能源不仅对地球环境造成严重污染，而且终将耗尽。寻求和开发新的、清洁的、可再生的能源势在必行，空间太阳能电站的概念闪亮登场。

空间太阳能电站计划最早是由美国 Peter Glaser 博士提出的，在地球同步轨道上建太阳能发电站，利用无线电力传输方式向地面供电。航天技术、光电技术和材料科学的发展与进步，为空间太阳能电站的实现奠定了一定的基础。美国、日本、俄罗斯、欧洲等都提出了自己的空间太阳能电站构想。

在相当长一段时期，我国还迟迟没有将空间太阳能电站纳入发展计划，这让王希季深感不安。2009 年 9 月，他与庄逢甘、闵桂荣、梁思礼三位院士联名写信给胡锦涛主席，提出关于研发我国空间太阳能电站的建议。不久，他又和闵桂荣院士一起组织了多名两院院士，共同完成了《空间太阳能电站发展预测和对策研究》并上报国家发改委。按照他们的设想，2020 年起逐步开展关键技术攻关；2030 年起进行并逐渐完成整个空间太阳能电站的研制，进行在轨试验和验证；2040 年建成空间太阳能电站。

2011 年，第四届中国能源环境高峰论坛在北京召开，王希季在会上作了关于空间太阳能电站建设的报告，他强调指出："空间太阳能电站将从根本上改变人类利用和获取能源的方式，将会带来新能源、新材料、

光电、电力技术等多个科学技术领域的重大创新……大规模开发利用空间太阳能，将极大地提高经济发展速度和质量，可能会引起经济基础的飞跃，从而导致新的技术革命，甚至产业革命。”

一位九十高龄的长者，将目光延伸到了2040年之后，并为此倾心效力，怎能不令人为之动容！一旦空间太阳能电站建成并投入使用，他早年要为家乡建一座发电站的夙愿，将会以另一种方式来实现。

太空前锋的担当与情怀

从少年开始，王希季就一直是个前锋。

在绿茵场上，他曾经是个飞一般的少年，呼啸往来。他轻巧地带着球，闪转腾挪间瞅准机会，然后轻轻向前一带，巧妙地晃过对方的阻拦，猛地起脚怒射，场外响起欢呼与掌声。青春在他的脚下飞扬，一次次突破禁区和成功突围让他涌起酣畅淋漓的快感，做一名前锋的感觉简直太棒了！

后来，他又成了一名“太空前锋”。从“T-3”“T-4”“T-5”“T-7”到“长征一号”，从“东方红一号”、返回式卫星到小卫星、载人航天、空间太阳能电站……在这个新的星际赛场上，他也经常处于前锋的位置，在一次次太空远征中，不断突破禁区和成功突围，发起射门。

尽管他早已过了退役的年龄，但他并没有因此而停下奔跑。他的目标很明确，和他的队友们尽快发起下一次冲锋，在太空中进更多的“球”！作为一名“前锋”，一次次，他的确“踢”得很精彩。只是他从来不肯停下脚步，尽情享受一下大家的喝彩，而总是冷静地审视着一个更好的角度，为下一次冲锋积蓄力量，准备一次全新的起跑！

经常担任“队长”的王希季，总能带领队伍打出漂亮的战绩。作为队长，最重要的素质莫过于担当。看清路线，拿出策略，赢得胜利，这叫担得起；敢冒风险，敢承担后果，这叫敢于担。

这需要智慧、勇气和情怀。

卫星研制本身就是一项探索性强、风险高的工作，一个极小的失误都会酿成大祸，而一颗卫星成本高得惊人，一旦失败往往造成难以承受的压力。人们难免会担心，任何一点变动都有可能产生牵一发而动全身的影响，以致对一些新的技术不敢尝试。王希季知道那些虚的说教无法让大家彻底放下包袱，因此他干脆直接把责任兜起来。他的要求是出了名的严，但只要你尽心尽力认真负责地去做，真要出了什么问题，绝不会受到他的责怪，他总是自己主动承担：“这事不怪你们，是我审核同意的，责任在我！”

为了支持新技术的应用与推广，他不惜一次又一次地充当“第一个吃螃蟹”的人。

第一次提出要在返回式卫星上试验一种新型国产彩色胶片时，因为风险太大，不少专家持反对意见。他们的顾虑不是没有道理，黑白胶片已经成功多次，清晰度很好，何必再多此一举？王希季非常清楚这样做的风险，以及承担这一风险要负的责任有多重。不过他认为，这个风险值得承担，彩色胶片取得成功后，会比黑白胶片获取的信息量大得多，能为国家解决更多的问题，只要把工作做充分，确保在万无一失的情况下取得更多的效益，尝试新技术又有何不好！

他坚持要上国产新型彩色胶片，在试验效果不理想的情况下，亲自前往厂家对试验结果进行分析。在一再说服仍不能使大家统一思想的情况下，他索性拍板决定：下一颗星不但要上国产彩色胶片，而且要多上！

试验结果表明，国产彩色胶片表现优秀，开创了我国卫星彩色拍照技术的先河。面对人们的赞叹，他却微笑着轻描淡写地说：“我了解了试验的问题出在哪里，找到问题的实质后采取了措施，所以才敢做出决定。”

王希季亲口说过：“有人说我一次又一次地充当开

路先锋，其实我并无过人的胆识，只不过是对认定该做的事情不惜承担风险罢了。”

第七章

性情朴实无华

真诚对待同事

在王希季手下工作，大家普遍的感觉是“压力很大，但心情舒畅”。他用人做事情总是先讲清楚具体的要求，然后问对方：

“这事你能不能干得了？”

“干得了，好，×× 时间能不能完成？”

“能完成，好，谢谢！你去干吧！”

可别小看这简简单单的几句话，分量着实不轻呢！对重信守诺的王希季而言，这就意味着你对他许下了诺言，他对你给予了信任，虽然没有签字画押，却同样有着“契约”效应。临近规定时间，他会事前提醒：“工作进展得怎样了？需不需要帮助？”

若你既不需要帮助，到时候又完不成任务，他就要找你谈话了，一点儿情面不讲的严厉话语，让自知理亏的人恨不能找条地缝儿钻进去。

刚开始接触王希季的时候，可能都感觉他太严肃了，但其实真正接触多了，就不这么认为了，即便批评人，他也是对事不对人。严肃认真是出于对工作极端负责的赤诚之心，是对同事无私相助的古道热肠。一位女工程师，因为工作中的一个疏忽挨了他的批评，从此每次遇到他总是绕道而行。一次在发射场，为了返回20千米之外的招待所，她不得不硬着头皮搭上王希季乘坐的车，却意外地发现他全然不像工作时那样严肃，一路上有说有笑，一点儿架子也没有。事后，她感慨地说："真没想到，王总这个人居然那么风趣，那么平易近人。"

返回式卫星中的一颗星发射失败，坠落于太平洋中。控制系统的技术负责人冯学义为此承受了巨大压力，仅书面检查就写了不下20份。那么多人心血和汗水的结晶就这样丢失了，有人难免会说些不中听的话。有一次在会上再次遭到了埋怨，既痛苦又委屈的冯学义情绪失控地拍桌子反诘。散会后，王希季在众目睽睽之下走到垂头丧气的冯学义面前，轻轻拍着他的肩膀，语气诚恳而又温和地说："我们搞的是科学试验，成功与失败都有可能，你不要在乎别人说什么！"憋屈的冯学义心中升起一股暖流，觉得再大的委屈都算不得什么了，他重新振作起来，很快攻克了难关。冯学义事后回忆起这个情景时，忍不住眼含热泪地说：“我到死也忘不了王希季这位好领导！”

在发射基地，王希季怕小伙子们饭菜不够吃，便主动招呼他们到自己这桌来吃，加班至午夜吃夜宵时，还不忘让他们拿上两个鸡蛋，以备肚子饿了时垫补。一次卫星发射后，大家要乘飞机转往测控中心。出于对总设计师的尊重，大家热情相邀王希季走在前面，他却微笑着说：“我得跟我的队伍一起走，不能自己先上！”其实大家同乘一架飞机，先上后上本无多大区别，但听到这样的话，试验队员们的心里都觉得很温暖。

李雪梅是一位虽然没有机会接受系统的高等教育，却肯钻好学的女同志，自己主动搞了一个课题——建立返回式卫星搭载数据库。她将收集起来的资料编成了一本书，出版之际想请林华宝作序。林华宝看后，感觉很有价值，便建议她：“你去找王总，请他来写更有意义。”从未与总设计师有过接触，李雪梅不敢贸然前去打扰，更不敢奢望德高望重的科学家肯提携自己这样的无名小辈，不免感到有些为难。林华宝鼓励道：“你放心去找他，我保证王总不会推脱！”李雪梅鼓足勇气来找王希季说明来意，他接过手稿翻阅了几页，高兴地说：“你干得不错，这项工作很辛苦，也很有意义，我必须大力支持！你看这样好不好，你先把这个东西放在我这里，我写好之后通知你来拿？”很快，她就收到了王希季亲自写的序，让她十分感动。

王希季的秘书彭涛是一个大学毕业不久的新员工。尽管有时他提出的问题显得很外行甚至“低幼”，王希季总是耐心地解答。他不满足于让秘书只做一些服务性工作，而是刻意在工作中加以培养，让他参加课题组，跟大家一起干，还特别叮嘱：“你要多看、多听、多写，这对你今后的发展有好处。”彭涛常常感叹自己太幸运了，从王总那儿学的东西，足以受用一生。

力争代表团席位

国际宇航联合会是最大的国际宇航学术组织，在20世纪70年代末，中国开始以开放的姿态积极参与国际宇航事务和学术交流，在1980年派出了以王希季为团长的代表团。王希季以他卓越的专业建树、直率真诚的个性、幽默睿智的谈吐赢得了广泛赞誉，与各国代表团交流起来也很融洽。

按照国际宇航联合会规定，一个国家只能有一个代表团席位。长期以来，一直是由台湾的航空学会占据。王希季认为台湾方面无法代表中国的作用和形象，为了能顺利取代台湾方面，获得本应该属于中国宇航学会的位置，他主动与出席会议的台湾代表团进行了友好协商。

台湾的代表团团长是一位空军中将。王希季向他介绍了大陆在航天领域的一系列成就，而国际交流对中国航天事业发展有着重要意义，国际航天领域也迫切需要中国这样的航天大国在这方面做更多实质性的、有价值的贡献，大陆在航天领域的建树在国际上是公认的，与国际宇航界有更多的共同语言。而反过来看，台湾方面在航天领域确实没做什么事。王希季言辞恳切地说：“我们来这里参加会议，主要是想与各国就宇航科技进行交流与合作，以促进祖国航天事业的发展。你们航空学会与航天一点儿关系也没有，这么多年台湾在空间方面并没有搞出什么东西来，作为代表参加这样的会议也没有什么实际意义。而我们在火箭、卫星方面均有作为，都是中国人……”

在他晓之以理、动之以情的说服动员，以及各国代表的舆论压力下，台湾方面改变了强硬的态度，转而同意改为区域性学会，作为中国宇航学会的附属成员组织留在国际宇航联合会中。

中国航天事业不容忽视的实力，令各国代表团产生了极大的兴趣。他们不但对中国同行在空间技术领域作出的不懈努力和重要贡献表示钦佩，还表决通过了由中国宇航学会取代台湾航空学会，成为国际宇航联合会的正式会员组织。

从此，中国宇航学会不但获得了投票表决权，还陆续有自己的专家当选执行局副主席、教育委员会副主席等重要职位，在国际宇航联合会中很好地发挥了一个空间大国应有的作用。

牢记十六字方针

“严肃认真、周到细致、稳妥可靠、万无一失”，这是周恩来总理对国防工业提出的著名的十六字方针，王希季严格遵循和践行了一辈子。

因为认真，他主持的工程可靠性高、失误率低，为了提高可靠性，他的办法就是把工作做到极致。他多次对科技人员们强调：“我们这个发展中国家不能和那些发达国家相比，我们对风险的承受力低。要体谅国家的难处，尽我们最大的努力去保证每一颗卫星的可靠性，以期用最小的投入去获取最大的效益。”

一次，在酒泉发射基地进行回收试验，王希季正好有事出去了。试验过程中漏掉一个程序，停机指令发出后，控制机构该归零却未归零。他一回来就关切地问起试验的情形：“出现什么问题了吗？”这个试验以前在研制单位和生产厂均做过，都不曾出现此类问题，谁也没有将这个小小的瑕疵当回事儿，都说：“没有什么问题。”这样的回答显然无法让对工作一丝不苟的王希季感到满意，他斩钉截铁地要求：“从头再来一遍！”

王希季要求别人要做到极致，他自己也是这样做的。身先士卒，行胜于言，总设计师是一支设计队伍的灵魂，总设计师的作风、一言一行都会潜移默化地影响到整个队伍。每次卫星进入总装测试的时候，王希季不但天天出现在总装车间，而且总是第一个到达，以至让那些踩着钟点走进来的年轻人都感到不好意思。更让他们惊叹和敬佩的是，这位总设计师对由数万个元器件和零部件

组成的卫星竟然了如指掌，研制的动态也很清楚。不但对重要的数据他会自己动手计算核实，而且对关键的部位甚至不惜打着手电筒钻进去亲自检查。一旦他提出问题，不仅尖锐具体，而且总要刨根问底，容不得半点含糊。

联合国教科文组织在哈尔滨举办亚太地区航天培训班，承办单位未经商量，就将王希季作为主讲人报了上去，开课不久前才告知他。他没有责怪，也没有推辞，立即着手准备课件。已经好久没有讲课了，而且还要用英文讲，没有多少准备时间，王希季只好抓紧整理讲义，并请别人帮助翻译。来自二十多个国家的三十多位参会者大多是官员，对他们完全可以不必讲得特别深入。但他认真备课，一丝不苟地修改讲义，经常加班到深夜。

由于王希季在工作上极度认真，外人看来就是个典型的“拼命三郎”。有一次，在例行体检时，医生发现他心电图不正常，心脏有长间隔（3~4 秒）骤停现象，为保险起见，医生要求他立即住院，进行心脏起搏器植入手术。

此时，中国第一颗小卫星“实践五号”的研制任务很紧，再加上他带头立下了2年完成研制的“军令状”，因此说什么也不肯住院，推脱说等任务完成了再来。医生一再强调这很危险，说您都快八十了，大意不得，还是治病要紧。王希季坚决地摆手说：“我现在工作很忙，不可能住院。”医生也急了：“您搞航天，我搞医学，我们都是搞科学的，您说是应该相信科学，还是应该相信自己的感觉？”被将了这么一“军”，再加上所有人一致“表决”他必须立即住院，他才众命难违，住院做了手术。

手术后不久，他工作起来还比较“收敛”，但没过多久，又恢复了一贯的快节奏，大家无奈又心疼地感叹：“真没见过像他这么‘玩儿命’的老人家！”

“固执”的老总

在有些人看来，王希季有时显得“太较真”，说得不好听点儿是“相当固执”。

02批返回式卫星首次发射归来后，回收的对地摄影胶片冲洗出来竟是一片模糊。上级领导机关认为失败是由卫星故障造成的，怀疑是照相机罩未打开，要对负责安装的人员进行审查。

王希季明确表示反对，认为在事故原因尚不确定的情况下就追究责任有失妥当，及时找出原因以避免日后此类情况再次发生才是当务之急，追究责任应该是最后的事情。他坚持要实事求是面对和处理问题，并掷地有声地说：“我是总设计师，一切工作都是我同意做的，出了问题责任在我，请不要责怪下面的同志！”

他既不同意追查下面的研制人员，自己也没有忙着违心地写检查，而是及时组织技术人员，对一切有可能产生问题的环节逐一进行仔细分析和验证。在此基础上得出的结论为：故障不是卫星本身的问题，而是大系统中的另一个系统临时在卫星上增加的一些试验，污染了照相机镜头。身为总设计师，事先居然对这项大系统增加的试验毫不知情。由此他指出，临时插入这种试验是违背科学规律的，反而“批评”起上级来。

后来，在王希季的建议下，上级决定发射卫星时不准附加可能对卫星造成损害的试验。从此之后，此类故障果然再也没有出现过。

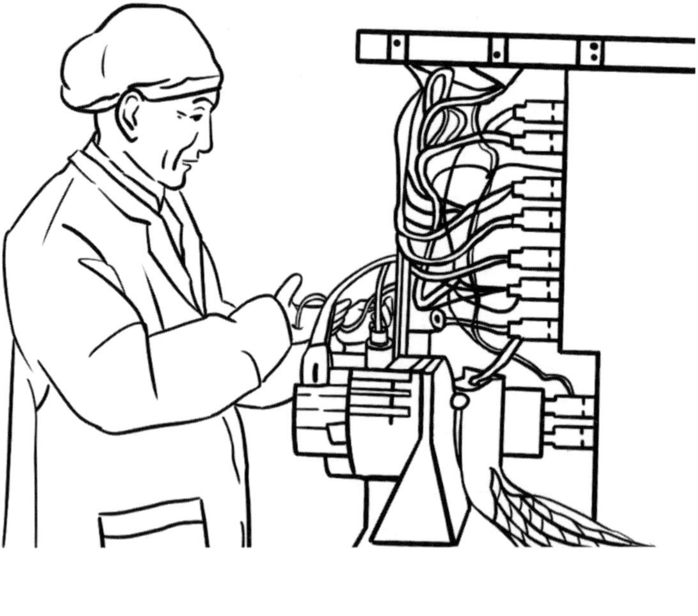

在另一颗小卫星“海洋一号”研制时，在王希季和总设计师外出期间，行政领导决定用自己部门开发的软件，结果由于这个软件不成熟，延误了研制进度。王希季回来后，非常生气。这是他少见的一次发火，他气恼的不是某个人的某种做法，而是这种“技术行政化”弊端是科技工程的天敌——为了自己部门的利益，用不成熟的软件代替成熟的软件，注重部门利益而损害国家利益。所领导闻讯后，赶紧跑来向王希季道歉，并承诺换回成熟软件。

在王希季的一份干部考核表上，主管考核的干部为他罗列了一大堆优点后，小心翼翼地写下了一条缺点：“有时比较固执，别人感到不好商量工作。”一般人遇到这种情况，对组织的评价都会做个谦虚的姿态，不会去计较评价是否准确，有则改之，无则加勉。王希季则不然。他不认可自己有“固执”的毛病，认为该做不做，还坚持己见不肯改变才能算是固执，自己只是坚持正确的观点，如果能有令人信服的理由证明这个观点是错的，自己则必改无疑，怎么能说是固执呢？至多算是“坚持己见而已”。

心里不予认可也就罢了，他偏偏还要在“对组织评价的意见”一栏里直言不讳地写出来：“总评价高于本人评价，谢谢，但对其中比较固执的提法认为不一定妥当，坚持自己的意见和见解并不是固执，因为所坚持的也可能是对的。”

以常人多少有些世故的眼光来看，这位老总实在是“迂”得可爱！以这种方式来否认自己固执，岂不是更容易让人觉得自己“固执”？

好在王希季追求的是做事，而不是做官，不需要顾忌别人对自己形成怎样的印象。他无意去提防什么，也不想把自己装扮得不像本来的自己。在他看来，别人的赞美与批评都是外在因素，不能用别人的眼光来衡量自己；真正最了解自己优缺点的只能是自己，只有通过自己的探索和发现，才有可能接近真正的自我。

一个真正明晰自己优缺点的人，很少会受到外界印象的干扰，因为他相信自己的行为就是对自己最好的证明。

一颗“求真”的心

王希季的“较真”，很大原因是因为他始终有一颗“求真”的心。作为一个从事科学研究的人，追求事物发展的客观规律，在他看来这不仅是一种素养，甚至是一种伦理道德。如同古代先贤所说的“格物致知”[①]一样，在科学的道路上，必须求真，才能获得真知，洞察事物

①格物致知是中国古代儒家思想中的一个重要概念，是儒家专门研究事物道理的一种理论。意思是探究事物原理，从而从中获得智慧（或从中感悟到某种心得）。出自《礼记·大学》：“致知在格物，物格而后知至。”

的本质，少犯错误。“要求实不要求名”，是他常挂在嘴边的一句话。

早在大连工学院工作时，王希季针对自己在教学实践中发现的向苏联学习存在教条主义倾向，造成学生负担过重的弊病，以系工会主席的身份，在机械系主持召开了检讨教学质量的座谈会，交流解决上述问题的办法。很快，《光明日报》发表了大连工学院孙懋德先生就此事写的题为《克服教学上的主观主义》的通讯，表扬了他的严格要求自己、对工作中出现的问题努力加以解决的主动精神。在当时的环境下，王希季作为一位年轻教师敢于指出学习苏联的教条主义，不仅需要巨大的勇气，甚至还要承担很大的“政治风险”。

有一次，一颗新型气象卫星在厂房突然发生爆炸，造成伤亡事故。这不但是航天系统的一次特大事故，在社会上也造成了不良影响。专家们分别组成事故调查分析小组和审查小组，前者负责对事故进行调查，后者负责对调查分析结果进行审查。电测时测到固体发动机远地点点火程序，计算机记录在点火指令之前就中断了，这给事故原因的分析造成了很大困难。

有人从卫星残骸一个小阀门的焊接处发现了一道黑色痕迹，分析小组以此为依据，做出了“肼泄漏引起爆炸”的事故结论。王希季却认为肼泄漏只是一种可能，不能就此做出结论，除此之外还应查找其他可能引发事故的原因。他措辞缓和而语气坚定地说出自己的看法：“你们的意见可能是事故原因之一，但在没有事实能够证明的情况下，其他原因也不能一概排除。”

所有专家都认可“肼泄漏引起爆炸”的结论，只有王希季一个人拒绝在鉴定书上签字。他坚持认为这个结论不能说明问题，理由是：一则肼是有剧毒的有机化合物，有类似氨的刺激性气味，稍有泄漏就可以闻出来；二则肼作为姿控液体燃料是用催化剂分解而不是燃烧，即使泄漏出来，没有催化剂也不能使之分解成气体而成为爆炸源。因此，在没有找到真正的“元凶”之前，就做结论是轻率的，后面还可能发生同样的事故。

王希季还不断地总结经验、笔耕不辍，将个人经验上升到系统性的知识，希望让航天的后来者们多一些借鉴，少走些弯路。他先后完成了多部专著如《工程设计学》《卫星设计学》《空间技术》等。他担任了《航天器进入与返回技术》的主编，除了一字一句审核上百万字的文稿，他还亲自动笔写一部分内容。这本书所在的《导弹与航天丛书》因全面、系统、实用，被航天科技人员亲切地称为“红宝书”（该套丛书封面为红色）。

被列为国家重点出版工程的《中国大百科全书（第二版）》，邀请王希季担任“航空航天卷”的主编。他还主持审定了《探空火箭设计》《中国探空火箭手册》《20世纪中国航天器技术的进展》等论文集，可谓著作等身。

他善于观察、总结，见微知著，将工程实践不断升华为更广泛性的理论，反过来指导实践。比如，他以航天技术的任务为顶层目标，把航天技术分解成航天器进入太空的技术、航天功能运用技术、航天防护技术和航天攻击技术四大部分，从而构筑出一个层次关系清晰、内容涵盖全面的“空间技术系统”新框架。著名航天科学家梁思礼等认为，“空间技术系统”是航天界一个创新的概念。

再比如，他总结提出工程项目设计应遵循的“先高（高层次）后低（低层次），先外（外部环境）后内（工程项目本身）”的方法论，应把求得整体功能最优化作为主要目标等设计原则，都是很具创新性和极大参考价值的见解。

对于技术的定性，他也总结了简洁而独特的方法：技术上要分清楚到底是成熟技术、是成熟技术延伸的技术、是自己没有用过的技术，还是新发展的新技术。并提出工作原则：如果成熟技术和延伸技术能够解决问题，就应该尽量采用。不得已而必须采用非成熟技术时，应该先做试验和仿真加以验证。

在科技工程中，他从不认为“少数服从多数”，谁对就服从谁，真理在谁那儿就服从谁，他自己就经常当少数派、甚至独自派。比如前文提到的对载人航天发展途径的大讨论中，他就是少数派。“多数人站在一边有时并不是好事，比如都站在船的一边儿，就会造成翻船。”他打趣地说。

第八章

岁月自有芬芳

国家功勋

多年以后，王希季仍然清晰地记得1999年9月18日的那个下午。

“我保证，为国家一辈子保守所有秘密！”这是他们几十年前参加绝密任务时许下的庄严承诺。自此，他们或长期隐姓埋名，或远赴大漠戈壁扎根，或为使命奋不顾身，或为理想早早陨命。他们无所顾惜地将热血焚烧出熊熊烈焰，铸就了旷古烁今的“两弹一星”。

他们的名字，以及在历史长河中掩埋了数十年的真相，在这个下午被“泄露”了。

在中华人民共和国成立50周年之际，国家终于选择公开他们的名字，昭告他们不朽的功勋。

在庄严而深情的进行曲中，已经78岁的王希季健步登上了领奖台，接受国家以中共中央、国务院和中央军委之名向他颁发的荣誉。时任中共中央总书记、国家主席、中央军委主席江泽民亲自将沉甸甸的金质功勋奖章庄重地挂在他的胸前。

50 年前，他在美国看见中华人民共和国成立的消息后，就义无反顾地登上回国的游轮，半个世纪后的今天，这个高光时刻与之遥相辉映，沧海桑田、往事如烟，让他百感交集、心潮难平。他面带谦逊的笑容，迎接无比荣耀的鲜花与掌声。

即将迎来新中国 50 华诞之际，能得到这一至高无上的荣耀，他由衷地感谢祖国和人民的这番厚爱，身为第一代航天人，他深知祖国的航天事业能够从无到有地

发展起来，能够以难以置信的较少投入和有限时间，突破“两弹一星”的尖端技术，取得举世瞩目的成就，是靠无数人的青春年华、辛勤劳动和无私奉献造就的，自己只是他们中的一个。

表彰大会后，在接受中央电视台记者采访时，王希季坦诚地说：“这个表彰大会，之前我一直不知道，也不知道我会被授予‘两弹一星’功勋奖章，直到开会那一天，去受勋的时候（我才知道），给我挂奖章的时候，我才感觉到，这个会那么隆重。”

虽然数十年来早已习惯了默默无闻、淡泊名利的他没有料到这一刻，但历史不会永远被沉埋，英雄应当被铭记。

故土难离

王希季进入西南联大读书后不久，父亲因为外贸生意，携家人搬到了靠近缅甸的腾冲，只留下他和两个弟弟在昆明继续读书。腾冲与昆明相距约700千米，从此，一家人聚少离多。

王希季从小就对父亲充满了崇敬之情，当他渐渐长大，这种感情变成了感激和心疼，全家这么多张嘴巴，全靠父亲一双手养活，他是家里的物质基础，更是一家老小的精神支柱。他目睹父亲为了生意而奔波于风雪，风餐露宿，体会过父亲因为心焦而双眉紧锁，茶饭不思，也感受过父亲那慈爱的笑容。他暗下决心，一定要让父母过上安乐祥和的晚年。

从美国留学回来后，他原打算立即回云南一趟，看望父母和亲人们。但因为刚刚解放，西南边陲还有很多地方不太平，加上路途遥远往返需要很多时间，他便改变了主意，心想先把工作安顿下来，然后再踏踏实实地回去。但随即，他又来到了大连工作，离亲人们更远了。甚至1950年王希季成婚的时候，父母也不在身边，父亲给他寄来了一封贺信，字里行间流露出对他成家立业的欣慰和满足。大连工学院初建，各方面的事情十分繁杂，工作一忙起来，与亲人团聚的事儿就一拖再拖。

直到有一天，一个长途电话，让他立即失声痛哭。父亲已然离他而去。父亲的年纪并不大，王希季原本以为他们一定还会再见面的，然而，可能是父亲像牛马一样的劳碌，过早地耗尽了他的心血，在他弥留之际，他也一定万分思念他这个多年未见面的儿子——也是他此生最大的骄傲！王希季泪流满面，每想起这件事，王希季都十分悲伤，也十分后悔。为了弥补对老人的亏欠，父亲去世后不久，王希季就将母亲接到自己身边养老，直至老母亲84岁高龄仙逝。

在云南出生长大的王希季，不仅倾心于云南这块美丽神奇的土地，也热爱自己的民族，白族——一个以白虎为图腾的古老民族。

有感于云南落后的面貌，尤其是落后的能源工业，在大学期间，王希季就立下“能源报国”的宏愿，而且立志要为云南建一座大型的发电站。与中国共产党同年同月生、新中国成立便立即回国、结婚也选在国庆节的王希季，将一生都毫不保留地奉献给了祖国的航天事业。然而为云南建一座大型发电站的少时心愿就不可能有机会实现了，对此他充满遗憾。好在新中国成立尤其是改革开放后，云南的发展很迅速，故老乡亲们都过上了丰衣足食的日子，他感到由衷的欣慰。从 2009 年起，王希季为在太空建设太阳能发电站而积极奔走、推动，他相信在不久的将来，中国的空间太阳能发电站将在太空高悬，不仅云南，甚至全中国的能源状况都将彻底改变。

王希季自出国留学离开云南，因为工作特殊的原因，再次回到故乡已是 1980 年。光阴荏苒，当年为赴美留学而辞别亲人和家园的情形还历历在目，不知不觉间已经过去了 30 多年。这么长的岁月中，虽然乡愁常伴水逝，归心更逐云飞。

王希季的时间安排稍微自由了一些后，只要家乡有什么需要，他一定在所不辞。他多次回到故乡，为大理修建机场帮助选址，为保护洱海免遭污染进言，为云南的经济发展献计献策……2009 年元旦刚过，已经 88 岁高龄的他，仍然不辞劳苦地前往昆明，为云南科学大讲坛做报告，支持家乡的科技发展。

父爱如山

王希季的三个子女分别是，大儿子庆人，大女儿庆苏，小女儿庆红。一来因为孩子们是“庆”字辈的，二来王希季夫妇是国庆节结的婚，选择“庆”字为孩子们起名，也颇具纪念意义。

因为工作的原因，王希季很少有时间与儿女们在一起，但并不影响爸爸在他们的成长中起着十分重要的作用。他的言传身教，他的为人处世，使他们在耳濡目染中受到潜移默化的影响。每次看到孩子们没有随手关灯，或者未把水龙头拧紧，他总会将他们叫住并及时加以纠正，使他们从小就懂得珍惜财物、节约资源。

虽然王希季夫妇平时各自都有一摊工作要忙，很少有时间陪着孩子们，但家里的气氛却非常融洽。节假日只要能抽出时间来，他们或陪着老人、带着孩子到公园玩儿，或和孩子们一起踢毽子、跳绳、打羽毛球。

看上去很严肃的爸爸，不但能引经据典地讲故事，还会唱一些抗战歌曲和京剧选段。跟他一起去看一场外国电影，回来的路上连说带笑，孩子们就学会了几句“外国话”。有时候，兄妹之间发生了“战争”，爸爸从不简单地斥责谁，而是通过有趣的故事让他们懂得团结的重要性。

王希季是一位关心子女的好父亲，但他从不利用个人身份、地位、条件和关系，为他们提供特殊的机会。

知识青年上山下乡[1]时期，庆人来到陕北农村插队，因为表现好而被推荐上大学。他却另有打算，一心希望当兵。王希季和火箭发射基地的司令员很熟，只要他打个招呼，就是水到渠成的事儿。然而王希季却不肯出面。

①知识青年上山下乡运动是指20世纪50年代至70年代后期，为了消灭“三大差别”，毛主席发出“知识青年到农村去，接受贫下中农的再教育，很有必要”的号召之后，城市知识青年大规模地离开城市，到最广大的农村定居并参加劳动，即“插队落户”，以提高实践作用的政治运动。

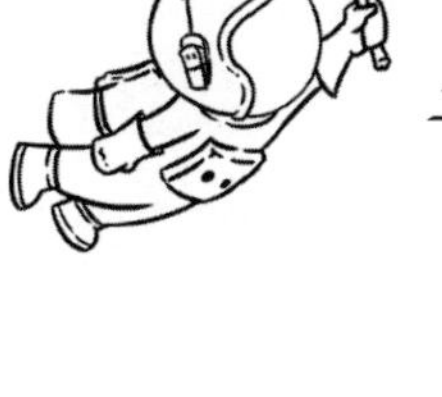

当兵心切的庆人只好自己给基地司令员写信表达愿望，结果却因没有家长的申请而未被接受。年轻的庆人见父亲对自己的事儿不上心，思想上难免有些想不通，甚至有些怨气。

后来，庆人在同学家长的帮助下，终于实现了当兵的愿望，而且在部队干得十分出色。复员后分配到北京手表厂工作。恢复高考之后，他从北京手表厂考入中国人民大学，毕业时征求父亲关于工作去向的意见。他准备放弃审计署和人民银行的工作机会，到航天系统来。

刚开始父亲有些犹豫，尽管王希季自己是干航天的，对航天充满无限的热爱。但儿子学的是工业经济专业，专业并不对口，将来发展前景并不一定很好。庆人解释说，他想去的并不是技术部门，而是宇航出版社①。庆人从小就有艺术天分，而且文笔很好。王希季这才点点头说：“这个单位适合你，你去吧。”

看到儿子在出版社将工作开展得红红火火，王希季虽然嘴上不说，心里还是感到非常欣慰，并且尽自己所能地给予他工作上的支持。儿子需要的书国内找不到，去国外开会日程安排得再紧张，他也不忘抽空去书店寻觅购买。

在上海时，大女儿庆苏已经在五年制的市重点中学读到了初二，全家人搬到北京后，如果要上同样五年制的重点中学，就得从初一开始重读，否则只能转入家附

①宇航出版社成立于1980年8月，是应我国航天事业客观要求而设立的中央级科技出版社，我国国防科技工业的领导者、航天事业的奠基人之一聂荣臻元帅为宇航出版社亲题社名。2002年10月，经新闻出版总署批准，宇航出版社更名为中国宇航出版社。2010年转企改制为中国宇航出版有限责任公司。

近的东高地中学。但该校非但不是重点，而且连高中都没有。按庆苏自己的意思，她宁可从初一读起，也不愿意上这所非重点学校。

父母都不太同意女儿的想法，父亲语重心长地说："已经学过的知识没必要再重复学一遍，要求实不要求名，是不是重点学校没有多大关系，只要自己认真学习，一样可以取得好成绩。"于是，庆苏听从爸妈的话，去了东高地中学念书。

庆苏刚刚过完16岁生日，就响应国家号召，来到内蒙古大草原插队，成为一名知青。

很多工农兵学员都希望能再回到城市，家长或利用手中的权力或动用各种关系，千方百计找门路。此时，王希季已经是航天领域赫赫有名的专家，而且是508所所长（正局级），既有人脉又有权力，他却没在这种事儿上动用资源。庆苏大学毕业后毫无怨言又回到了三线的工厂。直到落实知识分子政策时，因家中三个孩子均在外地，按规定可以调一个回来，庆苏才按照国家政策调回北京。

庆苏的接收单位原本不是508所，但教育部门知道她英语非常过硬，而所里开展职工教育正缺少一个外语人才，就向王希季提出希望能趁此机会把她"挖"过来。

工作上的需要，单位里的需要，对他永远是第一位的。别看当初没有为女儿的毕业分配进行力所能及的安排，此刻这位所长父亲却明确表态："举贤不避亲，凭着你自己的本事，过来好好干吧！"

以自己长期以来对父亲的了解，不难预见到在他领导的所里工作的那种"特殊性"意味着什么，可一向尊敬父亲、爱戴父亲的庆苏又怎么忍心不服从这样的安排呢？于是，她就到了508所工作，后来又搞起了计算机仿真，本来自己工作上要学的东西就很多，业余时间还得教职工们学英语，每天都超负荷工作。

如果不是在父亲领导的所里，工作起来可能会轻松和单纯得多，有时遇到不愉快的事儿，她在单位里不好说什么，回到家免不了发几句牢骚。每逢这种时候，王希季和聂秀芳总是神情严肃地告诫女儿："不要说长道短的，努力工作是应该的！"

庆苏后来去了美国发展，对此王希季很支持，他勉励女儿："要真正成为一流的栋梁之材，单靠一种文化的滋养是不够的。有机会出去学习，接触一些西方的东西，不仅可以开阔眼界、丰富阅历、增强学识、拓展思路，还可以在东西方两种不同文化传统的碰撞、交融中，使自己得到很好的锻炼。"

小女儿庆红晚出生了几年，与哥哥姐姐相比，走的路要顺畅许多。

“要做就做到最好”，爸爸经常说的这句话，也是庆红从小就树立的信念。打小开始，她的成绩始终很出色。一次，她不但考了全班第一名，而且比第二名高出20多分。别人都对她大加赞扬，只有爸爸不以为然：“才考了90多分嘛，还应更加努力！”这种严格要求，使她从小就认定学习努力、成绩优秀是理所当然的事情。

庆红上完大学，又读了硕士、博士，后来在美国一家著名企业从事技术工作。

王希季其实是个很顾家的人，只不过常常因为工作太忙而顾不上家。每一个亲人都是他生活中不可割舍的组成部分，是他生命中最重要、最宝贵的。

对儿女他或许生活上关心得不够，但大方向上为他们把握得很牢靠。他以严格的要求培养出他们踏实努力、不做表面文章的好习惯，也为他们奠定了事业成功的基础，使兄妹三人在各自不同的领域都干得十分出色。儿女们也都为自己有这样的父亲而感到庆幸和自豪。

恩爱夫妻

从与子携手，王希季与聂秀芳一起走过了 64 年。

为了和心爱的人在一起，聂秀芳离开家乡，离开亲人，涉过千山万水，来到大连，然后又辗转至上海，最后又到了北京……她原本生活在一个富足温暖的大家庭，从小不曾受过琐碎家务的困扰，婚后硬是被生活锤炼成“全能”高手，在家中是独当一面的贤妻良母，在单位是不让须眉的优秀干部，无论是当教师，还是干会计，工作都很出色。

岁月如歌，王希季与聂秀芳的婚姻生活已经超过了一个甲子。从花前月下相依相偎的浪漫情侣，到相濡以沫、甘苦与共的恩爱夫妻，半个多世纪的光阴凝结成的情感如同陈年佳酿，醇厚甘爽且回味绵长。

琴瑟和鸣、白首相偕的老夫老妻，生活中已形成了一种自然而然的默契，无需太多言语的表白，一个眼神，一个不经意间的表情，便能洞悉彼此的内心。适时递上的一杯热气飘香的清茶，枕边或桌上放着的一本折了角的书，传递的关切与温馨无逊于千言万语。

与王希季共同生活了 60 多年，聂秀芳最深的感受就是："他这个人好像随时随地都有做不完的工作和想不完的问题，总负担着许多东西放不下来。"不过几十年来，她早已习惯了。虽然晚年了还在努力工作，但她为丈夫感到由衷的高兴：国家选择了他，他也选对了一份好的事业，值得毕生奋斗的事业，值得九十多岁了还在工作却不喊累不叫苦的事业，那得是多么的幸福！聂秀芳甚至会心地微笑着感叹：他成天有事儿做，充实，心态又好，这是他长寿的秘诀。

晚年的王希季，陪老伴儿一起活动的主要方式就是散步。每当吃完晚饭后，只要天气允许，王希季、聂秀芳经常一起外出散散步。在附近的紫竹院公园畔，一对面色谦和、缓缓而行、有说有笑的老夫妻，说不定正是他们二人的身影。

他们就这样相濡以沫、相依相伴地走过了 64 年。

直到 2015 年 6 月 27 日这一天，他们相依相伴的身影，终成最后的定格。聂秀芳住进医院后，再也没能回

来。王希季接到秀芳去世的噩耗，忍不住失声痛哭。他在万分悲痛中深情地为妻子撰写下碑文：

秀芳爱妻：

您我恩爱情深，同甘共苦，互敬互助，六十四年，已白头到老，正夕阳无限好之际，突起不测风云，带你西归，令人悲痛万分，惋惜不已！

你人美心善，贤惠达理，侍老育幼，和谐持家；尽力撑我，南北辗转，几度易职，无一怨言；负责尽职，不同单位，各项岗位，均为中坚；关心亲友，热心公益，与人为善，受人尊敬。

你是贤妻良母，优秀骨干，为人榜样。

我爱你、敬你、感激你！

你我生同衾，死同穴，永不分离！

请安息吧！

最爱你的希季

2015年6月27日

永不孤独

王希季从投身航天，就发自内心地深爱上了这份事业。他是我国空间技术专家，空间事业的创始者和组织者之一，中国科学院院士，国际宇航科学院院士。他是我国第一枚液体推进剂火箭及其后的气象火箭、生物火箭和高空试验火箭的技术负责人。他创造性地把我国探空火箭技术和导弹技术结合起来，提出我国第一枚运载火箭的技术方案。主持长征一号运载火箭和核试验取样系列火箭的研制工作。

作为返回式卫星的总设计师，他负责制定出立足国内技术和工业基础而又能达到国际先进水平的研制方案。在我国的探空火箭、运载火箭早期的方案论证和返回式卫星、载人航天器、现代小卫星和我国空间技术战略研究等方面均有重大贡献，是太空资源、空间技术体系、空间基础设施、空间疆域等新概念的提出者。

六十多年来，他早已与太空结下不解之缘。他对浩瀚的宇宙有一种特殊的情感，那里记载着他的奋斗与艰辛，寄托着他的希望与梦想。在夜深人静的时候，他总爱遥望深邃的星空，感受他与太空之间早已和谐共振的优美旋律。星辰大海，诗酒年华，岁月芬芳。在天地间宏大的交响中，他是那么满足、宁静。

虽然岁月的剪刀剪去了太多的年华，但工作的热情与才能仍然高昂饱满地伴随着他、驱动着他，丝毫也没有因为进入老年而有所衰减。他不仅乐此不疲地工作着，还一如既往地肩负着明天，关注着未来。“有些事情是非搞不可的，我们有责任把以后的道路搞清楚，往往开头走错了，就会越走越远，今后要费很大力气纠正。”“要放长眼光，有所为有所不为，决策不当会引起严重后果。不需为而为之，会造成不必要的浪费；当为而不为，则会贻误大事。”

在庆祝中国共产党建党百年之际，王希季也迎来了自己的百年华诞。尽管他的背影已经越来越苍老，但他仍然专注地、执着地前行。他忘我地行进在星际之间的无人之境，但我们知道，他并不孤独，因为在他身后，已经有越来越多的人，朝着他背影的方向，大踏步地追随而去……

2019 年 6 月，“阿璞”被评选为首个大熊猫国际形象。图为“阿璞”国际系列形象的基础形象 新华社 供图

A Pu, a cartoon image of a young male panda, was chosen through public appraisal as the first global representative of China's giant pandas in June 2019. It is the basic image of A Pu global series. Photo courtesy of Xinhua News Agency